일하는
마음

일하는
마음

나를 키우며 일하는 법

제현주 지음

어크로스

프롤로그

어쩌면 이 책은 "변호사입니다", "삼성 다녀요"라는 식으로 딱 떨어지지 않는 일을 가진 저자의 기나긴 명함일지도 모르겠다고, 저의 첫 책 《내리막 세상에서 일하는 노마드를 위한 안내서》를 평해준 분이 있었습니다(그 역시 당시에는 기자였지만, 지금은 딱 떨어지는 말로 소개하기 어려운 안은별 님입니다). 이 구절을 읽고 마음을 좀 들켜버린 듯한 기분이 들었습니다. 직장생활 10여 년 이후 조직 밖에서 여러 일을 이어붙이며 살던 시절에 쓴 책이었고, 당시에는 "무슨 일 하세요?"만큼 답하기 어려운 질문이 없었기 때문입니다. 하고 있던 일이 족히 네댓 가지는 되었고, 그 네댓 가지를 주섬주섬 늘어놓는 것은 언제나 좀 겸연쩍은 일이었지요. 깔끔치 않은 답변 때문인지 "전에는 어디서 일했느냐"라는 질문이 흔히 이어졌고, 그 뒤로는 "왜 그런 직장을 그만두었느냐"가 따라왔습니다. 마찬가지로 답하기 쉽지 않은 질문이었죠.

이런 질문들이 어려웠던 것은 실제로 간단하고 명쾌한 답이 없었기 때문입니다. 첫 책을 쓰면서 앞으로는 그런 질문들을 좀 피할 수 있을까 기대했지만, 기대는 역시 깨끗하게 어긋났습니다. 공저를 포함해 저의 세 번째 책을 여는 이곳에서도 제 일의 이력을 소개하는 일에서 시작할 수밖에 없겠지요. 그래야만 앞으로 이어질 제 이야기들이 독자들에게 제대로 가닿을 수 있을 테니까요. 더구나 그 첫 책 이후 제 일의 이력은 중요한 갈림길을 또 한 번 지나기도 했습니다.

이제 얼마 안 남은 올해가 지나면 일을 시작한 지 딱 20년째로 접어듭니다. 저는 지난 제 커리어를 편의상 3기로 나누어 설명하곤 합니다. 첫 11년은 흔히 '남들이 좋다고 하는 일'을 선택하면서 살았던 시기이자, 그 결과 '기업에 투자하는 사람'으로서 기반을 닦은 시기였습니다. '남들이 좋다고 하는 일'은 언제나 명확하기 마련이어서, 이른바 '내가 좋아하는 일', '가슴을 뛰게 하는 일' 같은 게 무엇인지 알 수 없었던 저에게는 안전하고도 자연스러운 선택이었습니다.

이제야 나 자신에 대해 알게 된 모든 것을 이미 알고 있는 채로 20대로 돌아간다면, 여전히 같은 선택을 할까? 가끔 이런 생각을 혼자 해보곤 합니다. 나 자신을 잘 이해하지 못한 채로 내렸던 선택이긴 하지만, 저는 여전히 비슷한 직장을 선택해 마찬가지로 열심히 일했을 것이라고 생각합니다. 그 시간을 통해 정말 많은 것을 배웠고 그 덕에 냉정한 현실에서 유용하게 사용할 디딤돌들을 얻게 되었음을 알기 때문입니다. 무엇보다 저는 '기업에 투자하는 일'만은 그 자체로 좋아했고, 그 일에 속하는 여러 과업들을 즐길 수 있었습니다. 그러니 첫 11년은 무지한 선택의 결과였지만, 무척 운 좋게도 그보다 좋은 것을 상상하기 어려울 만한 경험이었습니다. 다만 지금 알고 있는 것들을 그때 알았더라면, 당시의 경험을 매우 다른 관점으로 흡수하고 소화했을 것이라는 상상만은 합니다. 밀려나면 큰일 난다는 조바심이나 더 빨리, 더 많이 성취해야 한다는 욕심은 조금 덜어낼 수 있지 않았을까, 그랬다면 그때 조금 더 좋은 사람일 수 있지 않았을까 상상합니다.

2기는 세 번째 직장을 떠나면서 시작되었습니다. 처음으로 다음 직장을 정하지 않고 퇴사를 감행했고, 조직에 속하지 않은 채로 일해보자는 마음을 먹었습니다. 어째서 그런 결정을 하게 되었느냐는 앞서 썼듯이, 간단히 답하기 어려운 질문입니다. 다만 '남들이 좋다고 하는 일'이 제게 온전히 좋기만 한 것은 아니었고, 무슨 일을 하느냐만큼이나 중요한 것이 '어떤 조건, 어떤 상태에서, 어떤 목적을 가지고 일하느냐'라는 것을 알게 되었기 때문이기도 했습니다. '투자하는 일'은 좋았지만 다른 괜찮은 일도 찾을 수 있을 것 같았죠. 무엇보다 직장이라는 울타리를 떠나서도, 내가 그때그때 알맞은 조건과 알맞은 동료와 알맞은 일거리를 찾아 새로운 시도들을 이어나갈 수 있을 것이라는 자신감이 생겼습니다. 직장 안에 있는 동안, 당장의 쓸모가 없어 보이는 이런저런 모색들을 해본 덕이었습니다. 그렇게 직장을 떠나며 맞은 2기는 6년쯤 이어졌습니다. 그 6년 동안, 친구들과 함께 만든 협동조합 롤링다이스가 저의 간판이자 지지대가 되어주었습니다.

롤링다이스는 출퇴근하는 직장이 아니라, 자율적으로 꾸리는 사업체이자 조합원들이 중심에 있는 공동체였습니다. 모두가 각자의 장소에서 각자가 원하는 만큼 일하고, 함께 번 만큼을 나누어 가졌습니다. 저는 때로 롤링다이스를 위해서, 때로 롤링다이스를 핑계로, 과거에는 해보지 못했을 다양한 시도들을 이어갈 수 있었습니다. 이북ebook 출판 사업을 꾸리고, 팟캐스트를 기획·진행하고, 사회적 경제 영역에서 움직이는 다양한 형태의 조직들과 결합해 파트너로, 자문역으로, 서비스 공급자로 일했습니다. 독립적으로는 10권의 책을 번역하며, 과거에 했던 '투자하는 일'이 어떤 사회적 영향을 끼치는지 좀 더 체계적으로 돌아보기도 했습니다. 직장에 매이지 않게 되었으니 서울에 굳이 집을 둘 필요도 없었습니다. 집을 대관령으로 옮겼고, 필요할 때만 서울에 가는 식으로 지냈습니다.

2기가 시작된 지 5년쯤 지날 무렵, 다시 직장에 다닐 수도 있겠다는 생각이 들었습니다. 가장 크게는, 다시 투자하는 일을 하고 싶다는 생각이 스멀스멀 들기 시작했습니다. 그리고 투자는, 특히 상장되지 않은 기업에 의미 있는 금액을 투자해 그 기업에 영향을 미치는 방식의 투자(제가 해오던 유형의 투자입니다)는, 엄청난 부자가 아닌 이상 직장에 속해야만 할 수 있는 일입니다.

직장에 속하지 않은 채로 일한다는 것은 어떤 일을 누구와 어떻게 하느냐를 스스로 결정할 수 있다는 의미입니다. 물론 완벽히 좋은 것만을 선택할 수 있는 사람은 거의 없지만, 선택의 폭이 좀 더 넓은 것만은 사실입니다. 작게는 몇 시에 일어날지, 어디서 일할지부터, 크게는 얼마를 벌지, 누구와 무슨 일을 할지까지 스스로 선택할 수 있다는 뜻이죠. 이렇게 선택의 대상이 많아지면, 자신의 선호와 우선순위에 대해 훨씬 촘촘하게 생각할 기회를 갖게 됩니다. 그런 기회들 덕에 저는 나에게 절대적으로 중요한 몇 가지를 구체적으로 나열할 수 있었고, 그것들만 충족된다면 직장 안이냐 밖이냐는 중요하지 않다고 생각했습니다. 무엇보다 직장 밖의 삶이 더 이상 두렵지 않기 때문에 직장 안에서 더 즐겁게 일할 수 있을 것도 같았습니다. 그렇게 2기에서 새로운 3기로의 전환이 시작되었습니다.

이 책에 실린 글은 대체로 2016년 말부터 2018년 여름에 걸쳐 쓰였습니다. 2기의 끄트머리에서부터 3기가 시작되는 전환의 시기였습니다. 따라서 이 글들에는 대체로 다시 직장인이 되기로 결심했(다가 망설이다가 결국은 정말 결심하)던 시기의, 그리고 다시 직장인으로 살면서 새로운 생활에 적응하(려고 애쓰)던 시기의 마음이 오롯이 담겨 있습니다. 내 일을 새로운 눈으로 바라보고, 어떻게 살아갈지 결심을 갱신하기 위해 새로운 이야기가 필요하던 시절이었습니다. 새로운 생활에 알맞은 열심의 정도와 리듬을 만들어가느라 몸도 마음도 갈팡질팡하던 시기이기도 했고요. 내게 있는 디딤돌이 무엇인지 이해하고 그 힘을 신뢰하려고 노력했습니다. 또 한 번 전환을 감행해 시작한 일을 잘 해내지 못할까 두려울 때면 그 두려움을 알맞은 긴장감으로 돌려놓으려 애쓰기도 했고요.

이 책의 초고를 읽고 난 후 출판사 어크로스의 김형보 대표님이 "일을 잘하고 싶다는 마음이 가득 보이는 글"이라고 평했습니다. 마음을 읽힌 듯해서 조금 당황했고 부끄러웠습니다. 헤어져 돌아오는 길, 왜 부끄러웠을까 생각해보았습니다. '경쟁'이나 '승자독식' 같은 말이 당연한 규칙이 되어버린 사회에서는 나의 치열함이 의도와 상관없이 누군가에게 상처를 줄 수 있다는 사실을 알기 때문이겠지요. 그래서 언제나 내가 일하기를 좋아하고, 기왕이면 일을 잘하고 싶어 한다는 사실을 조금쯤 부끄러워하며, 그런 내색을 노골적으로 드러내지 않으려 애쓰던 때도 있었습니다. 그렇지만 이런 마음은 어떤 식으로든 흘러나오기 마련이고, 독자역시 그 마음을 알아차릴 수밖에 없을 겁니다. 그래서 아예 이렇게 고백하고 시작하는 게 낫겠습니다.

《내리막 세상에서 일하는 노마드를 위한 안내서》의 에필로그 마지막 문단은 "그리하여 다르게 살려면 유능해져야 한다"라는 문장으로 시작합니다. 이 문장은 이상하게도, 그 책을 처음 쓰기 시작할 때부터 마음속에 있던 문장이었습니다. 그리고 책을 낸 이후에도 주문같이, 가끔씩 알람을 울리며 머릿속에 떠오르곤 했습니다.

네, 저는 유능한 사람이 되고 싶습니다. 그건 더 큰 성공을 바라는 마음과는 좀 다른데, 두려운 상황이 점점 줄어들고, 어떤 상황이 주어지더라도 편안하게 스스로 만족할 만한 성과를 만들어낼 수 있기를 바라는 마음입니다. 저는 '아직 어떻게 하면 좋은지 알지 못하는 일'에 몸을 던지길 좋아하고, 그 일이 '잘할 수 있는 일'이 되어 또 한 뼘 두려움이 없어지는 것을 좋아합니다. 다시 직장으로 돌아오기로 한 마음에는 내가 할 수 있는 최대한을 끌어내보고 싶다는 욕망이 있었습니다. 내 모든 능력을 다 쏟아 부으면서 숨 가쁘게 달리면서 얼마간 살아보고 싶다는 생각이었지요. 그러나 이런 마음은 저의 성향일 뿐이고, 윤리나 덕목 같은 것이라고는 결코 생각하지 않습니다. 저는 모든 일하는 사람이 각자의 방식으로 자기 일을 규정하고, 각자의 리듬에 따라 일하며 살면서도, 적당하게 먹고살 수 있는 사회를 꿈꿉니다. 그런 사회에서는 나의 최대치를 넓혀가고 싶어 하는 제 욕심이 만들어낼지 모를 나쁜 외부효과를 걱정하지 않아도 좋을 것이라고 상상합니다.

이 글은 3기로 접어든 지 1년 반쯤 지나는 동안 가장 힘들었던 한 주의 금요일 아침 7시 30분에 쓰고 있습니다. 요즘은 자신에게 깜짝 놀라는 경우가 종종 있습니다. 1기의 나였다면 내켜하지 않았을 많은 일들을 힘겨워하면서도 기꺼이 하고 있기 때문입니다. 가끔 친구(이 책에도 몇 차례 등장할 엄윤미 님)와 "내가 그때 이렇게까지 열심히 했으면, 참 큰 인물이 되었을 텐데요, 하하"라며 농담 같은 푸념을 나누곤 할 정도입니다. 예전이라면 '나랑은 맞지 않는 일'이라거나 '나는 도저히 할 수 없는 일'이라고 여겼을 법한 일들을 지금은 참 많이 하고 있다는 뜻입니다. 굳이 거기까지 하고 싶지는 않다고 생각했던 많은 것들을 자연스럽게 내 일이라고 받아들입니다. 그리고 저는 이런 상황을, 힘들다고 투덜거리긴 해도, 실은 꽤 즐기고 있습니다. 통증이 있은 후에 근육이 자라듯이, 내 '일하는 마음'의 용량도 자라고 있다고 느낍니다.

이런 변화는 어디에서 온 걸까요. 비로소 이유를 온전히 납득할 수 있는 일을 하게 되었기 때문이라고, 저는 생각합니다. 직장 생활 11년을 마무리 짓고 독립적으로 여러 가지 일을 하면서 내가 '무슨 일을 하느냐'보다 '누구와 왜' 그 일을 하느냐를 더 중요하게 생각하는 사람이라는 사실을 깨달았습니다. 그리고 지금 하는 일은 바로 '누구와 왜'를 납득하여 선택한 일이고, 그러니까 필요하다면 어떤 일이든 할 수 있다는, 조금쯤 과장 섞인 마음을 품는 것이지요.

"대체로 내 삶을 이해하고 버텨내기 위해 쓰인 글들이어서 내 글의 시야는 넓지 않고, 살아낸 깊이만큼만 쓸 수 있는 것이 글이므로 나의 책이란 결국 나의 한계를 모아놓은 것에 불과하다는 것을 안다." 평론가 신형철의 책 《슬픔을 공부하는 슬픔》의 머리말 끄트머리에 있는 문장입니다. 읽는 순간 이 책의, 아니 앞으로 또 쓸지 모를 모든 책의 서문으로 훔쳐오고 싶은 마음이 들었습니다. 이 문장에 이어 저자는 이렇게 말합니다.

"그럼에도 나의 책에 자신의 시간을 내어주는 분들이 있다는 것을 생각하면 나는 가끔 무언가를 용서받는다는 느낌마저 든다."

이 문장을 저는 이렇게 고쳐 써봅니다. 그럼에도 "나의 책에 자신의 시간을 내어주는 분들이 있다는 것을 생각하면, 우리는 각자의 한계를 통해 연결될 수 있다고 믿게 된다."

첫 책이 그랬듯이, 이 글들은 내 한계 안에서 나름 씨름했던 흔적을 기록한 것입니다. 시원하고 명쾌한 답 같은 건 이번에도 없습니다. 지극히 개인적인 저의 '일하는 마음'이 어떤 독자들에게 조금쯤 쓸모가 있을 수 있다면, 자신만의 열심을 계속해서 이어 나가려는, 그래서 외부의 평가 이전에 스스로 만족하며 자기 성장을 확인하고 싶어 하는 분들에게가 아닐까 상상해봅니다. 그런 분들에게 제 씨름의 기록이 어떤 식으로든 지지 혹은 위로가 되기를 바랍니다.

이 책을 쓰는 동안 나에게 동기부여가 되어준 모든 동료들에게, 특히 이 책에 등장하는 사람들—나의 배우자, 범서파와 디엣지클럽 친구들, 롤링다이스 멤버들, 출판사 어크로스의 박민지 편집자, 그리고 '일하는 마음'의 단단한 뼈대를 주신 부모님, '잘하는 일'의 기준을 가르쳐준 예전 직장들의 상사와 동료들에게 감사의 마음을 전합니다. 덕분에 계속해서 앞으로 나아가고 있습니다.

여전히,
일하는 마음으로

미국 와이오밍의 잭슨 홀 스키장에는 '코벳의 협곡'이라는 슬로 프가 있습니다. 사진을 보면 슬로프라기보다는 낭떠러지에 가까운 모양새입니다. 미국에서 '가장 무서운 슬로프'라고 불린다는 이곳의 이름은 등반가이자 스키어였던 배리 코벳으로부터 따왔다고 합니다. 1936년생인 배리 코벳은 미국 최초로 에베레스트산을 오른 등반 팀의 일원이었고, 그 외에도 여러 험준한 봉우리를 올랐으며, 남극에서 제일 높은 엘즈워스 산맥에도 그의 이름을 딴 '코벳 피크'가 있습니다. 모험가이면서 예술가이기도 했던 그는 스포츠를 주제로 하는 많은 영화의 프로듀서이기도 했습니다. 이런 코벳의 또 다른 이야기는 1968년에 시작됩니다. 그는 콜로라도 애스펀 부근에서 스키 영화를 찍다가 헬기에서 추락하며 척수에 부상을 입고 하반신이 마비됩니다. 이후로 내내 휠체어 사용자로 살아가야 했지만, 그는 여전히 모험가이자 예술가인 채로 2004년에 세상을 떠납니다. 다리를 쓰지 못하고 살았던 시간이 더 길었던 셈입니다.

'코벳의 협곡'과 배리 코벳을 알게 된 것은 넷플릭스 다큐멘터리 〈풀 서클Full Circle〉(2023)을 통해서였습니다. 이 책《일하는 마음》을 읽다 보면 금세 아시게 되겠습니다만, 저는 아주 진지한 스키 애호가이고, 매년 떠나는 스키 원정이 삶의 중요한 우선순위에 속합니다. 올해도 변함없이 떠났던 스키 원정에서 돌아오는 길, "언젠가는 잭슨 홀에도 가보고 싶어"라는 말을 남편과 나눈 직후 마치 엿듣기라도 한 듯이 넷플릭스가 이 다큐멘터리를 추천해 주었습니다. 스키 원정에서 돌아온 바로 그날, 시차로 몽롱한 가운데 〈풀 서클〉을 보기 시작했고, 앉은 자리에서 꼼짝도 않고 100분짜리 작품을 빨려 들어갈 듯이 보았습니다. 그저 스키 이야기겠거니 하며 잭슨 홀 구경이나 해보자는 마음으로 별 기대 없이 플레이 버튼을 눌렀다가, 예상치 못하게 머리를 두드려 맞은 기분이었죠.

〈풀 서클〉은 '코벳의 협곡'에서 뛰어내리는 적응형* 스키어 트레버 케니슨의 모습에서 시작합니다. 그는 스노보드를 타다가 크게 다치면서 하반신이 마비됩니다. 그 부상 후 4년이 지나고, 싯스키sit ski를 타는 적응형 프리스타일 스키어로서 '코벳의 협곡'에

---

* 장비나 규칙을 조정하여 신체적 장애를 가진 사람도 참여할 수 있게끔 변형한 스포츠를 '적응형 스포츠'라고 부른다.

서 뛰어내리는, 말 그대로 묘기를 보여주었습니다. '코벳의 협곡'은 마찬가지로 하반신 불수가 되었던 배리 코벳의 이름을 땄지만, 배리 코벳이 그 협곡을 스키로 내려온 것은 사고 이전이었습니다. 코벳으로 시작되었던 이야기는 두 다리를 쓰지 못하는 채로 협곡을 뛰어내리는 케니슨에 의해 맺어지는 것처럼 보입니다. 그렇지만 두 사람의 이야기가 하나의 원으로 이어지는 것은 단순히 두 사람이 하반신 불수라는 장애를 공통점으로 갖고 있기 때문만은 아닙니다.

코벳은 1968년에 사고를 당한 후 〈뉴 모빌리티New Mobility〉라는 잡지의 편집자로 일합니다. 장애인의 문화와 라이프스타일에 대한 잡지였다고 합니다. '새로운 이동성'이라는 제목이 의미심장합니다. 그는 특히 척추 장애와 함께 살아간다는 것에 천착했는데, 이동성을 잃은 것이 아니라 전과 다른 이동성을 갖게 된 것이라는 뜻이 아니었을까 합니다. 다리를 움직일 수 없게 된 그는 카약으로 역시 험준한 계곡과 강줄기에 도전하며 여전히 모험가의 영혼을 쏟아부었다고 합니다. 코벳은 사고를 당한 후 12년이 지난 1980년 책을 펴냅니다. 이 책에서 코벳은 미국 전역을 다니며 만난 척수 손상 생존자들의 이야기에 자신의 이야기를 엮어냅니다. 책의 제목은 《선택지들Options》입니다. 다큐멘터리 〈풀 서클〉에는 《선택지들》에서 인터뷰했던 생존자들이 등장합니다. 그중 한 명이 이렇게 말합니다. "비장애인에게 1만 개쯤 할 수 있는 일이 있다면, 척수 손상을 입은 사람에게는 7천 개나 8천 개쯤 할 수 있는 일이 있죠. 하지 못하는 2천에서 3천 개에 초점을 맞출 수도 있겠지만, 그러지 않았어요. 어떤 사람도 1만 개의 일을 모두 하지는 못해요." 2019년 싯스키를 타고 '코벳의 협곡'에서 점프한 케니슨이 코벳과 같은 크레이그 병원Craig Hospital에서 치료를 받고 재활의 과정을 밟은 것이 놀라운 우연은 아닐 겁니다. 콜로라도는 아름답고 거대한 스키장들이 몰려 있는 곳이고, 코벳은 콜로라도의 애스펀에서, 케니슨은 콜로라도의 베일패스에서 사고를 당했으니까요. 그러나 경이로운 것은 코벳 이후, 크레이그 병원의 재활센터에서는 모든 척수 부상 생존자들에게 재활을 시작하기 전 《선택지들》을 건넨다고 합니다. 케니슨도 《선택지들》을 펼쳐 보았겠죠. 이것이야말로 아름답게 이어지는 꽉 찬 동그라미의 시작이고, 놀라운 필연일 겁니다.

〈풀 서클〉의 끄트머리 즈음, 코벳의 딸이 이렇게 말합니다. 아버지는 사고 전의 삶과 사고 후의 삶을 두 개로 나누어 이야기하곤 했는데, 어느 날엔가 사고 전의 삶과 후의 삶 중 무엇이 더 의미 있었냐고 물었을 때, 아버지는 후의 삶이라고 답했다고. 〈풀 서클〉은 영화 내내 사고를 통해 삶의 의미를 찾았다는 식의 서사를 함부로 내세우지 않습니다. 척수 손상을 입은 채 살아간다는 것이 배변과 생식과 그밖에 아주 기초적인 복지를 유지하는 차원에서 얼마나 불편하고 괴로우며 돈이 많이 드는 일인지 직설적으로 보여줍니다. 코벳의 말대로 선택지는 있지만, 모두 깔끔하고 아름답지는 못합니다. 그렇지만 최선을 선택할 수 없는 삶에 의미가 없는 것도, 심지어 반드시 덜한 것도 아닐 겁니다. 의미만이 아니라 행복이나 기쁨에 대해서도 마찬가지입니다. 꼭 장애에 대한 이야기만은 아닐 겁니다. 코벳의 딸은 덧붙입니다. 말년에 이르러서야 아버지는 두 개의 삶을 서로 연결되어 떼어내 생각할 수 없는 하나의 삶으로 바라보았다고.

〈풀 서클〉을 보면서, 전에는 생각해보지 못했던 장애인의 삶에 대해 많이 배웠습니다. 동시에 작품을 보는 많은 순간, 등장인물이 장애인이라는 사실을 잊기도 했습니다. 케니슨이 스키를 타면서 보여주는 환희의 얼굴이, 저 자신, 그리고 제가 보는 다른 많은 스키어들의 얼굴과 별로 다르지 않았습니다. 헬기로만 갈 수 있는 콜로라도의 첩첩산중에서 허리까지 파묻힌 신설을 가로지르는 케니슨이 느끼고 있을 그 환희를 제가 부러워하고 있더라고요. 와중에 케니슨은 명백히 저보다 훨씬 스키를 잘 타는 것을 뛰어넘어, 적응형 스키어로서가 아니라 그냥 스키어로서도 경이로운 수준이어서 또 부러웠죠. 슬로프에서는 스키를 잘 타는 만큼 자유롭다는 것을 아니까요. 배리 코벳은 방광암으로 이른 나이인 예순여덟에 세상을 떠났다고 합니다. 그는 가까운 친구들에게 자신의 사후에 받을 수 있게 편지를 남겼는데, 이렇게 적혀 있었다고 합니다. "나는 넘치는 사랑, 열정을 다한 커리어, 모험 가득한 삶, 그리고 원했던 모든 것을 누렸어. 어떤 것도 놓치지 않았고 후회는 없어." 삶을 이렇게 맺을 수 있다면, 그야말로 부러운 일이 아닐 수 없습니다.

코벳이 살아낸 사고 전의 삶과 후의 삶이 하나로 연결되고, 또 그런 코벳의 삶이 케니슨의 삶과 연결됩니다. 다큐멘터리에는 이 둘의 삶과 연결된 다른 많은 이들의 삶을 스냅숏처럼 보여줍니다. 이런 모든 연결은 의도했든 하지 않았든, 이들이 내린 선택 덕에 가능합니다. 삶의 어떤 국면에서든, 주어진 선택지들이래 봤자 전부 구질구질해 보여도, 언제나 선택지가 있고 선택할 수 있으며 선택해야 한다는 것이 이 다큐멘터리를 요약하는 여러 버전 중 하나가 아닐까 싶습니다. 어쨌든, 선택은 이야기의 새로운 출발점을 만들고, 그로부터 살아가다 보면 결국 사고가 없었으면 존재했을 평행우주의 삶들과 우열을 가를 수 없을 행복과 기쁨의 장면들을 수집하게 되기 마련인가 봅니다. 케니슨의 얼굴에 깃든 활주의 환희와 노년의 코벳의 얼굴에 깃든 평화를 보며 저는 그런 생각을 했습니다.

벤처캐피털 투자자로 일하다 보면, 평균적인 범주보다 더 큰 진폭의 성공과 실패를 겪는 사람들과 만나게 됩니다. 창업자들입니다. 자신의 아이디어와 비전, 능력을 지렛대 삼아 '무'로부터 사업을 일궈내는 사람들이죠. 대다수의 사람이 많은 성공한 창업자들의 이름을 떠올릴 수 있을 겁니다. 이들은 맨바닥에서 수많은 사람이 알 만한 거대한 사업체를 만들어내고, 그만큼 엄청난 부를 쌓아 올립니다. 그 정도의 성공까지는 아니더라도, 젊은 나이에 수백억대의 부를 거머쥔 창업자들도 적지 않습니다. 그리고 그 이면에, 잘 드러나지 않는 곳에서 그보다 훨씬 많은 수의 창업자들이 실패와 고난을 겪습니다. 실은, 결국 성공에 이른 것처럼 보이는 수많은 창업자도 자신의 예상을 훌쩍 뛰어넘거나 자기의 깜냥으로 헤쳐나갈 수 없을 것처럼 보이는 난관들에 부딪히는 시간을 지났기 마련입니다. 벤처캐피털 투자자의 업무에는 그런 고난의 한복판을 지나는 창업자들과 만나는 일이 포함되어 있습니다. 어떤 창업자는 그런 고난을 결국 뚫고 나가지만, 더 많은 창업자는 결국 사업을 멈추게 되고 맙니다. 창업의 여정을 끝내는 것을 실패로 요약할 수 없다는 말은 고통의 한복판을 지나고 있는 창업자들에겐 호사스러운 해석이거나 입에 발린 위로처럼 들릴 것을 압니다. 하반신이 마비되는 것이 비극적 사고만은 아니라고 말하는 것도 쉽게 할 수 있는 말이 아니지요. 하지만 비극일 수밖에 없을 실패든 사고든, 거기가 결말이 아닌 것만은 분명합니다. 《선택지들》의 1부 첫 꼭지에서 코벳은 이렇게 씁니다. "받아들이며 대처할 것인가, 말 것인가. 이것이 딜레마다. (어느 쪽이든) 모든 선택지는 다 구질구질한 것처럼 보였다." 그러나 이어서 말합니다. 미국에만 수만 명의 척수 상해를 입은 이들이 있고, 해마다 만 명쯤 그런 사람들이 생겨난다고, 우리는 모두 크게 다쳤고, 이런 채로 살아가려면 무엇을 해야할지 모른다고. 첫꼭지는 이런 문장으로 끝이 납니다. "그러니 세상에 우리 같은 상해를 입고 받아들이며 대처한 사람들, 그렇게 했음에 기뻐하는 사람들, 그들이 감당한 모든 것들을 통해 인류에 기여하는 사람들이 많다는 것은 정말 좋은 일이다."

당사자만이 할 수 있을, 이런 거대한 이야기 옆에 자신의 경험을 놓는다는 것은 조심스러운 일입니다. 감히 그래도 된다면, 이 즈음 "곧 오십이야"라고 자꾸만 생각하던 터였습니다. 명백히 인생의 후반부로 접어들었다는 인식이 어떤 궁지로 나를 몰아붙이는 기분이 있었습니다. 내게 남은 선택의 기회가 몇 번일까, 오십이 지나도 새로운 시도를 위해 열려 있는 창이 있을까, 조금쯤 탄식의 마음이 있었죠. 문장으로 쓰고 보니, 참 어리석은 마음이라는 것을 알겠는데, 아마 다들 아실 겁니다. 어리석은 마음은 어떤 틈새를 파고 들며 시작되고, 결심으로 쉽게 사라지지 않는다는 것을. 〈풀 서클〉을 보고, 배리 코벳의 삶을 검색해 찾아보고는, 삶의 모든 국면에는 여전히 선택지가 있다고, 그저 덜 나쁜 것을 골라야 하는 순간에도 선택하고 그것을 살아내면, 근사한 장면들과 만나곤 하는, 그런 삶이 결국 펼쳐진다는 생각을 했습니다. 실상, 삶은 어떤 면에서 퍽 단순한 것입니다. 현실은 언제나 복잡하지만, 특히 당신이 척수 손상이나 사업의 실패 같은 사건과 맞닥뜨렸다면 더욱 그렇겠지만, 어쨌든 그로부터 이어지는 삶은, 의미와 행복과 기쁨 같은 것은 단순한 장면들에서 오지 않을까요. 새삼스럽게, 감히, 그렇게 절감하게 되었습니다.

《일하는 마음》이 세상에 나오고 5년이 넘는 시간이 흘렀습니다. 그 시간 동안, 제 일의 현장에서도 때로 사소하고 때로 의미 있는 성취와 좌절들이 펼쳐졌습니다. 상황들이 변했고, 제게 주어진 역할의 무게도 제법 달라졌다고 느낍니다. 저의 일하는 마음은 대체로 달라지지 않았지만, 나이가, 또 세상에서의 좌표가 전과는 다른 결심으로 저를 몰아붙이기도 했습니다. 그런 과정에서 가끔 제가 쓴 것보다 많은 것을 읽어내 준 독자들과 만날 때마다 겸허해지기도 부끄러워지기도 했습니다. 책이 세상에 나오면, 그 책 스스로가 운명을 갖고 독자들과 만나 저자의 의도와는 상관없이 의미를 만들어낸다는 것을 깨닫는 기회들이었습니다.

그때나 지금이나 저의 '일하는 마음'은 현재진행형입니다. '일하는 마음'은 결국 '살아가는 마음'과 점점 더 한 몸이 되어 가는 것 같습니다. 달라진 것이 있다면, 좋은 마음의 상태와 좋은 몸의 상태를 유지하는 일에 전보다 더 집중하고 있습니다. 그게 최선으로 일할 수 있는 상태라는 것을 더욱 깊이 실감하게 되었기 때문입니다. 결국, 최선으로 일하는 마음은 잘 살려는 마음이라는 것도요. 그래서 일단, 계속해볼 생각입니다.

1

다시, 일을 보다

3 킬 로 미 터 를 달 리 는 법

중요한 것은 내가 지금 뛸 수 있는
1킬로미터에 집중하는 거였다.
그러다 보니 달릴 수 있는 거리가
조금씩 늘어났다.

대관령 집 근처에는 둘레가 1킬로미터쯤 되는 호수가 있다. 집에
서 걸어 5분쯤 되는 거리다. 집에 트레드밀이 있지만, 바람이 너
무 많이 불거나 비가 오지만 않으면 트레드밀보다는 호숫가를 뛰
는 게 좋다. 이유는 딱 하나다. 누군가는 바람을 맞으며 달리는
게, 또 누군가는 바깥 경치를 보면서 뛰는 게 좋다고 하겠지만, 나
는 다른 이유가 있다. 그 1킬로미터의 주기가 주는 편안함이다.

트레드밀 위에서 뛸 때면 궤도에 오를 때까지 매분 매초 '그만
뛰고 싶다'는 생각과 싸운다. 오늘 너무 피곤한데, 고관절이 좀 시
큰거리는데, 워밍업 정도면 충분하지 않나. 그만 뛸 이유는 언제
나 많고, 달리기를 멈추기는 너무 쉽다. 탁 스위치를 꺼버리면 그
만이고, 한 번 꺼버린 스위치는 내일이나 되어야 다시 켤 수 있다.

호숫가를 달릴 때는 달라진다. 5분쯤 걸어가 호숫가에 닿을 때까지 나는 몸과 마음을 예열하며 달리기의 공간으로 진입할 준비를 한다. 그리고 일고여덟 걸음을 타닥타닥 걸어 내려가 호수 둘레길에 발을 들이면 이제 시작이다. 1킬로미터의 트랙은 달릴 이유를 매분 매초 새롭게 찾지 않고도 끝까지 가게 해준다. 처음 100미터쯤을 지나면, 이제 뛴 것이 아까워서라도 나머지 900미터를 달려야 한다. 400미터 정도 지나면 마음이 편안해진다. 앞으로 가나 뒤로 가나 고생은 엇비슷한 지점이다. 그저 머리를 비우고 한 바퀴를 뛰는 것 말고는 다른 선택의 여지가 없다. 그때부터가 달리기를 즐길 수 있는 지점이다. 뛰느냐 마느냐, 고민할 필요도 없고, 해봤자 소용도 없다. 그냥 뛰는 거다. 눈에 보이는 것들에 집중하며, 다리의 움직임, 상체의 흔들림, 호흡에 집중한다. 두 바퀴째 돌입하면 좀 더 쉽다. 처음엔 망설임의 구간이 100미터였다면, 그다음은 50미터쯤으로 줄어든다. 세 번째 바퀴를 뛸 때는 아예 망설임이 없다.

호숫가 달리기를 좋아하는 건 트레드밀에서처럼 끊임없이 내 동기를 갱신할 필요가 없어서이지만, 내가 적어도 한 바퀴는 뛸 수 있다고 믿게 된 뒤에야 비로소 그렇게 되었다. 예전 여의도에서 일하던 시절에 나는 여의도 공원을 트랙 삼아 달렸다. 여의도 공원 한 바퀴는 2.5킬로미터쯤 된다. 초심자가 단번에 쉬지 않고 달리기는 부담스러운 거리다. 나도 처음에는 여의도 공원에서 뛸 엄두가 나지 않았다. 다행인지 불행인지 여의도 공원은 중간을 가로지를 수 있는 샛길이 몇 군데 있어서 2.5킬로미터에 익숙해지기까지 트랙의 길이를 멋대로 줄이곤 했다. 그렇게 두어 주를 보내고 나니 2.5킬로미터가 나의 리듬이 되었다.

달리기를 몇 해 건너뛴 후에는 1킬로미터짜리 한 바퀴도 쉽지 않았다. 다행히 지금은 1킬로미터를 세 바퀴 정도는 아무렇지 않게 뛸 수 있다. 이제 나는 여의도 공원을 다시 달릴 준비가 되어 있다.

멀리 보는 힘

세 번째 직장에서 '이직해야겠다'가 아니라 '직장생활을 그만두어야겠다'는 마음이 들기 시작했을 때, 나를 가장 두렵게 했던 것은 그만두고는 싶지만 달리 뭘 해야 할지 모르겠다는 점이었다. 당시 하고 있던 일을 계속, 더 오래 하고 싶지는 않았지만, 어떤 일을 하고 싶은지, 대체 난 뭐가 되고 싶은지 답을 찾을 수가 없었다. 그때부터 직장인 신분을 유지한 채로 내가 하고 싶은 일이 무엇인지 찾아다니기 시작했다. 글을 쓰는 수업을 들어보기도 했고, 철학 공부도 했고, 미친 듯이 운동을 해보기도 했고, 심리학 대학원 입학시험 준비를 한 적도 있었다.

그렇게 일관성 없고 맥락 없는 모색을 하면서 두어 해를 보내다가 어느 날 문득 직장을 나올 결심이 섰다. 뭐가 되고 싶은 건지 답을 찾은 건 아니었다. 내 질문이 애초에 잘못되었다는 것을 깨달았던 것이다. 나는 '직장 다니기'에 상응하는 '다른 일'을 찾았고, '직장인'이 아닌 다른 '누가' 되려는지 정하고 싶었다. 직장은 일상을 구성하는 첫 번째 제약 조건이라서 '직장인'을 정체성으로 받아들이는 순간, 하루 일주일 1년의 생활 주기가 대체로 결정되어버린다. 차곡차곡 다음 단계로의 승진까지 생각하면 딱히 다른 인생 계획 없이도 시간이 획획 지나간다. 그러니까 이것은 거대한, 아마도 마라톤 풀코스쯤은 되는 하나의 트랙이다. 그 트랙에서 벗어나 단번에 그만한 길이에 맞먹을 나만의 트랙을 찾아내는 것은 애초부터 불가능한 일이었다.

망설이며 잡다한 탐색을 해오던 시간을 두어 해 보내고 이제 준비가 되었다고 믿게 된 것은 1킬로미터 트랙 정도는 구성할 힘이 생겼기 때문이다. 직장 일을 대체할 단 한 가지, 직장인 대신 이름 붙일 '무엇'은 찾지 못했지만, 내일 하루는 어떻게 다르게 살 수 있을지 구체적으로 상상할 수 있게 되었다. 그게 나만의 1킬로미터 트랙인 셈이었다. 그렇게 1킬로미터씩 뛰다 보면 뭐라도 되겠지 하는 막연한 믿음이 생겼다. 벌써 일주일의 3분의 1쯤은 그만두면 하게 될 일들로 채우고 있었고, 나는 이미 100퍼센트 순도의 직장인에서 벗어나 겨우 66.7퍼센트 정도의 직장인이었다. 나는 그렇게 주어진 풀코스 트랙에서 스스로 걸어 내려왔다.

이후로 한참 동안 1킬로미터의, 트랙이라 부르기도 민망할 나만의 코스를 뛰어온 것이 내 일상의 토대를 이루는 자신감이 되어주었다. 중요한 것은 내가 지금 뛸 수 있는 1킬로미터에 집중하는 거였다. 그러다 보니 달릴 수 있는 거리가 조금씩 늘어난 것처럼, 삶의 트랙에서도 어느 날인가 나도 모르게 2.5킬로미터를 뛸수 있게 되었다. 하루 계획에서 한 달 계획으로, 그다음엔 한 분기 정도의 계획으로 생각의 용량이 늘어나더니, 요즘에는 다시 5년 짜리 목표나 계획을 세워보곤 한다. 이건 10킬로미터쯤 되는 트랙일까. 일단 시작해서 3킬로미터까지만 견뎌보면 된다. 1킬로미터 트랙을 세 번 뛰는 것과 다르지 않다. 거기까지는 이제 식은 죽 먹기다.

거리가 허락해주는 자유

일을 통해 나를 보는 것이 아니라
일 자체를 보는 것.
'자기'로부터 놓여나는 만큼
어른이 된다.

직장생활을 그만두고 독립적으로 일한 지 2년쯤 지났을 때였다. 첫 직장에서 함께 일했던 분이 부탁을 해오셨다. 경영 컨설팅 회사를 창업한 분이었는데, 컨설턴트들에게 기업 재무에 대한 교육을 해달라는 요청이었다. 전직과 직접 관련된 일에는 손을 대지 않고 있던 때였다. 경제나 투자와 관련된 책을 몇 권 번역하면서, 내가 과거에 했던 일들이 사회적으로 무슨 의미였을까 생각해보는 시기이기도 했다.

다시 업계로 돌아갈 마음은 없었지만, 내가 아는 것을 누군가에게 가르쳐주는 것은 좋은 일이라고 생각했다. 무엇보다도 보수가 좋은 일이라 수락했다. 돈과 명예와 재미, 셋 중 둘을 주는 일을 한다고 가수이자 영화감독인 이랑이 말했던가. 일단 돈이 되는 일이고, 재미도 없지는 않을 것 같았다.

첫 강의를 준비하는 일주일 동안 강의 자료를 만들고 검토하는 시간보다는 멍하니 앉아 지난 2년간 거의 잊고 있던 일들에 대한 기억을 되살려내는 데 보낸 시간이 더 많았다. 떠올리려고 했던 것은 내가 알던 지식, 혹은 테크닉과 노하우였는데, 함께 따라나온 것은 그뿐만이 아니었다. 과거에 내가 골몰했던 문제들, 좋아했던 것들과 싫어했던 것들, 잘했던 것들과 못했던 것들, 그 일을 하던 시절의 생활 리듬까지 의식의 표면 위로 떠올랐다. 강의할 지식이 10년에 걸쳐 나도 모르게 획득한 것들이라, 내가 온몸으로 뚫고 통과했던 시간과 그 시간 동안 체득한 앎을 따로 떼어낼 수는 없었기 때문일 것이다.

그날의 강의는 아주 부드럽게 진행되었다. 경력이 쌓이고, 특히 책을 내면서 사람들 앞에서 강의할 일이 많아졌지만, 나는 여전히 강의에 능하지도 않고, 강의하는 일을 좋아하지도 않는다. 그날 이후 강의할 일이 더 많아졌고, 아마도 기술적으로는 그때보다 좀 더 능숙해졌겠지만, 그날의 강의는 내가 뚜렷이 기억하는 '잘된 강의' 중 하나였다.

가장 큰 이유는 청중이 좋은 에너지를 가지고 있었기 때문이겠지만, 나만을 놓고 보자면 내가 강의 주제에 대해 '자유로움'을 느꼈기 때문이라고, 돌이켜 생각한다.

상황을 통제할 수 있다는 감각

그 자유로움이란 아마도 두 가지에서 나왔을 것이다. 첫째는 내가 이 주제에 대해 잘 알고 있다는 확신이다. 이런 확신은 신체적 감각과 맞닿아 있다. 내가 제일 좋아하고 잘하는 운동이 스키이기 때문에 나는 많은 일을 스키에 견주어 생각하는데, 여기서도 그렇게 비유해볼 수 있다. 지금처럼 스키를 잘 타지 못했을 때는 처음 가는 스키장, 그것도 캐나다나 오스트리아의 큰 스키장의 슬로프에 오를 때면 가슴이 쿵쾅쿵쾅 뛰었다. 날이 흐려 시야가 좋지 못하면 더욱 그랬다. 미지의 상황에 잘 대처할 수 있을까 두려워서였을 것이다. 그러다 시간이 흘러 스키가 늘고, 언제 어디서 어떤 환경에서든 내 몸을 잘 통제할 수 있다는 감각이 생기자 그런 두려움도 사라졌다. 예기치 못한 상황이 닥쳐도 잘 대처할 수 있다는 믿음에서 나오는 자유로움. 그것은 나의 존재를 보호할 능력이 내게 있다는 단단한 감각이다.

그날의 강의 주제가 그랬다. 거의 10년을 좋든 싫든 매일같이 하던 일이었으니, 아마도 내가 스키를 탈 때 느끼는 통제력보다 결코 적지 않은 통제력을 느꼈을 것이다. 그러니 누가 어떤 질문을 해오든 잘 대처할 수 있다는 믿음이 있었다. 내가 잘 아는 이야기를 하고 있다는 확신도 있었다(모든 강의에서 언제나 그래야 마땅하겠지만, 부끄럽게도 그렇지 못할 때가 많다). 그리고 이런 믿음은 결국 자신에 대한 믿음으로서, 그 자체로 순수하게 즐거운 감각이다. 그러고 보니 더 나이 들기 전에 그렇게 자신에 대한 단단한 믿음을 가질 수 있는 일이 더 많아졌으면 좋겠다. 그러려면 뭐, 다른 비결은 없다. 그저 묵묵히 시간을 들이는 것, 그게 글쓰기든 요리든 달리기든 그림 그리기든 무엇이든. 시간을 들인 효과는 누구보다 먼저 자신이 알게 된다.

너무 가까이 있는 것은 보이지 않는다

이상하게 들릴지 모르지만, 그날 나에게 자유로움을 준 두 번째 요인은 바로 강의 주제에 대한 거리감이었다. 거리감이 주는 자유로움은 동일시에서 벗어났을 때 비로소 생겨난다. 의식적으로든 무의식적으로든 그 주제에 대해 말하는 것이 곧 나에 대해 말하는 것이라고 여겼다면, 아마도 그렇게 자유롭지 못했을 것이다. 직장에 다니던 시절, 훨씬 더 생생한 앎을 갖고 있던 시절에 내 일에 대해 말하는 것을 오히려 좋아하지 않았던 것도 그 때문인지 모른다. 이제는 '업계 사람'이 아니라는 생각 때문인지, 내가 거쳤던 경험에 대해 특별한 의미부여나 포장 없이 담담하게 얘기할 수 있게 되었다.

거리감이 준 선물은 그런 자유로움만이 아니다. 무엇보다 내가 하던 일의 의미를 더 큰 맥락, 전과는 다른 맥락에서 바라보게 된 것이야말로 큰 행운이었다. 그 일을 나 자신으로부터 떼어놓을 수 없을 때에는 보이지 않던, 그 일이 놓인 맥락들과 그 맥락들의 교차가 보이기 시작했다. 어쩌면 무슨 소용일까 싶은 때가 되어서야 말이다.

한때는 내가 아주 중요한 일을 한다고 착각했고, 어떤 때는 내가 하는 일이 너무도 무의미하고 심지어 부끄러운 건 아닐까 싶은 생각에 괴롭기도 했다. 시간이 흘러 일의 바깥에 내 좌표를 놓고 나서야, 그 일이 세상의 다른 모든 일과 그리 다르지 않을 만큼의 의미와 무게로, 어떤 과장이나 비하도 없이 모습을 드러내는 것 같았다. 아주 대단하지도, 그렇다고 하찮지도 않으며, 어떤 구석은 재미있고 좋으며, 어떤 구석은 짜증스럽고 부끄럽기도 한 그런 일로. 그 일은 더 나은 배치 안에 있었더라면 더 좋을 수도 있었지만, 나쁜 조건이 추가되었더라면 더 나쁠 수도 있었을 일이다. 적당한 정도의 행운이 있었고, 몇 가지 불운도 있었다. 직업은 개인들의 삶에서 이렇게 개별적으로 구현되기 마련이다.

나와 너무 가까운 것에 대해 담담하기란 쉽지 않다. 우리는 어떤 일이나 상황에서 나를 떼어내고 바라보는 데 서투르다. 그 때문에 자기 자신에 대해 그렇듯, 늘 그것을 지나치게 포장하거나 지나치게 낮추어보게 된다. 그리하여 자신의 일을 더 큰 그림 안에서 바라보려면, 그 일의 여러 층위와 의미를 다면적으로 이해하려면, 우리에게 필요한 것은 거리다. 일을 통해 나를 보는 것이 아니라 일 자체를 보는 것. 아이러니하게도 그럴 때만이 나 자신도 온전히 보이는 것 같기도 하다. 나는 '자기'로부터 놓여나는 만큼 어른이 된다고 믿는다. 한때는 무엇보다도 내가 어떤 사람인지, 어떤 사람이 되고 싶은지, 내가 어떤 사람으로 보이는지에 전전긍긍했다. 그러다가는 일이 잘되게 하는 데 매달렸다. 나보다 일이 중요하다고 생각했지만, 실은 일이 곧 나, 일의 성과가 곧 나를 드러낸다고 믿었기 때문일 것이다.

일에서 멀어지고서야 비로소 그 일을 둘러싼 맥락과, 그 안에서 교차하는 나 자신을 포함한 수많은 사람의 이해와 욕망이, 그리고 삶이 보이기 시작했다. 그 덕에 절대적으로 중요한 가치란 없다는 것을 깨닫게 되었다. 중요한 것이 무엇인지는 그때그때 다르다. 상황은 늘 변하게 마련이고 당연히 생각도 바뀌어야 한다. 일하기 위해 모였으므로 각자의 사정보다는 일이 더 중요하다고 생각하지만, 결정적인 순간이 닥친다면 그때는 각자의 사정을 더 중요하게 다루어야만 한다. 직장에 속해 있을 때나 혼자 일할 때나 일에 너무 많은 시간을 쏟는 인간이지만, 결정적인 순간이 온다면 일은 결국 일일 뿐이다. 그럴 수 있다고 믿을 때에만 지금 이 순간 마음껏 일을 중요하게 생각할 수 있다. 거리가 허락해주는 자유다.

좋은 것과 나쁜 것은 함께 온다

무엇을 중심으로 내 과거를
이야기로 엮을지는 내 선택이다.
내 이야기에 대한 편집권은
오롯이 나에게 있다.

"경험 많은 남성 컨설턴트로 배치해주기 바랍니다."

첫 직장에서 컨설턴트로 일하던 시절, 면전에서 들었던 말이다. 클라이언트 쪽 실무 담당자가 우리 프로젝트 팀의 유일한 남성인 프로젝트 디렉터에게 '요청사항'이라며 종이에 적힌 글을 또박또박 읽어내려 갔다. 나를 포함해 여성 컨설턴트들은 그 자리에 있지도 않다는 듯이.

대형은행을 위한 컨설팅 프로젝트를 시작하고 일주일쯤 지났을 때다. 우리 팀의 구성원은 프로젝트 디렉터를 제외하고 총 세 명이었는데, 흔치 않게도 모두 여성이었다. 그 말을 들었을 때, 나는 TV를 보고 있는 것 같았다. 너무 비현실적이라 불쾌감조차 들지 않았다. 그 '요청사항'을 소리 내어 읽은 사람은 클라이언트

쪽 실무 팀에서 유일한 여성이었다. 그리고 아마도 가장 나이 어린 직원이었을 것이다. 나는 그 사람이 똑똑하고 일을 잘해서 좋아했었다. 딱 일주일 겪었을 뿐이지만, 우리 쪽 질문에 언제나 가장 정확한 답을 하는 사람이었다. 그는 어떤 기분과 생각으로 저 요청사항을 읽고 있을까? 나보다는 오히려 그가 걱정스러웠는데, 겉으로 보기에 그의 표정은 아무렇지도 않았다.

다행히도 우리 팀 프로젝트 디렉터는 1초의 망설임도 없이 이렇게 답했다.

"이 팀은 우리 회사가 판단해 선택한 최선의 팀입니다. 누굴 팀에 넣을지 결정하는 것은 우리의 고유 권한입니다. 이 팀이 마음에 들지 않으시면 프로젝트는 진행하지 못하는 겁니다."

나는 굉장히 운이 좋았다. 클라이언트에게 저렇게 대처할 수 있는 상사와 함께 일하는 것은 한국 사회에서 아마 열에 한 명도 누리기 어려운 행운일 것이다. 그렇지만 이걸 상사 한 명의 태도에 대한 이야기로 수렴시킬 생각은 없다. 그 디렉터는 분명히 훌륭한 분이었지만, 그렇게 대처할 수 있는 것이 한 개인의 자질 때문만은 아니었을 것이다. 당시 내가 속해 있던 직장은 성평등과 능력주의의 원칙을 명확히 갖고 있는 외국계 회사였고, 또 클라이언트 실무 팀에서 프로젝트를 그만두고 말고를 결정할 수 있는 것도 아니었다. 위에서 이미 결정한 프로젝트였기에 그런 '요청'을 한 실무 팀은 실제로는 별 힘이 없었다.

칭찬보다도 임파워링한 질문

내가 이 프로젝트를 특별히 기억하는 데는 또 다른 이유가 있다. 그로부터 한두 달쯤 지났을 때였다. 클라이언트 쪽 본부장과의 프로젝트 업데이트 미팅에 나 혼자 참석하게 되었다. 그날 왜 디렉터 없이 나만 참석하는 일이 벌어졌는지는 잘 기억이 나지 않지만, 어쨌든 흔치 않은 상황이었다. 고작 2년차 컨설턴트였던 나에게 대형은행의 고위 임원 앞에서 직접 프로젝트 진행 상황을 보고하는 것은 버거운 일이었다. 주로 정량적인 분석 결과를 보고했던 것으로 기억한다. 그 본부장은 내 말을 다 듣고 나서 몇 가지 기술적인 내용을 확인하곤, 잠시 생각에 잠겼다가 이렇게 물었다. "제 선생, 내가 무엇을 하면 좋을까요?" 중요한 프로젝트였고, 어떤 결정을 내리건 은행 안팎으로 여파가 클 상황이었다.

미팅을 앞두고 수많은 예상 질문들을 떠올리고 답도 준비했지만, 이런 질문을 받게 될 줄은 전혀 상상하지 못했다. '경험이 적은 여성' 컨설턴트였던 나에게 '제 선생'이라는 호칭과 함께 날아온 그 질문은 너무나 무거운 것이었지만, 동시에 그 어떤 격려나 칭찬보다도 임파워링empowering한 것이기도 했다(이보다 더 정확한 단어를 찾기가 어렵다. 나에게 이 질문은 '네게 이 질문에 답할 힘이 있다고 믿는다'는 메시지였다).

클라이언트의 질문에 정확히 몰라도 아는 체하며 두루뭉술하게 답하는 게 2년차에 익힌 기술이라면 기술이었지만, 그날 그 질문에는 아는 척할 수 없었다. "저도 확신할 수는 없습니다. 굉장히 어려운 선택이라고 생각합니다"라는 말로 대답을 시작했던 것을 스스로 기특해하며 미팅에서 돌아왔던 것을 기억한다. 그리고 내가 하고 있는 일이 무슨 의미인지 처음으로 알 것 같았다. 클라이언트의 자리로 가서 생각한다는 것이 얼마나 무거운 일인지도. 나는 이 프로젝트를 내게 도약대가 되어준 프로젝트로 기억하고 있다. 이런 진지하고도 사려 깊은 질문을 받을 수 있었던 덕이다. 그분이야 기억하지 못하겠지만, 정말 감사하게 생각하고 있다.

강남역 살인사건 이후

여자라서 특별히 불리한 일을 겪지는 않았다고 오랫동안 생각해왔다. 구체적인 기억은 없지만, 사적인 자리에서 입 밖으로 꺼내 말한 적도 있었을 거라고 짐작한다. 그런 생각에 딱히 거리낌이 없었기 때문이다. 하지만 그렇게 생각하려 애써왔다는 사실을 인정하게 된 것은 2016년 강남역 살인사건 이후였다. 나 자신을 약자나 피해자의 자리에 놓고 싶지 않았고, 여자라서 불리하다고 스스로 생각하는 순간, 남들도 그 사실을 알아차릴까 두려워했을 뿐이었다.

내가 받은 차별이 엄청난 것은 아니었을 것이다. 할아버지 댁에 가면 집안의 장손이었던 오빠에 비해 언제나 찬밥 신세였고,

"너는 여자지만 네 일을 꼭 가져야 한다"라고 가르쳤던 엄마도 딸인 나에게만 부엌 심부름을 시켰지만, 적어도 공식적인 차원에서는 오빠와 똑같이 성취할 기회가 주어졌다. 사회에 나와서도 마찬가지였다. '여성 컨설턴트만 있는 이 팀이 맘에 들지 않는다면 프로젝트를 안 해도 그만이다'라고 말하는 회사에서 경력을 쌓기 시작했고, 이후 10여 년 동안 단 한 번도 한국 회사에서 일하지 않았던 덕일 것이다. 운 좋게도 여자라서 내 경력이 가로막힌 적은 없었다. 그러나 이제야 비로소 깨닫는다. 나는 불리하지 않았던 것이 아니라 불리함을 피하기 위해 노력했고, 그 노력이 운 좋게 성공을 거두었을 뿐이다.

차별로부터 비교적 안전했으니, 차별에 대해 생각하지 않는 것이 나에게 유리한 일이었을 것이다. 강남역 살인사건이 나의 이런 안전한 무지를 찢은 것은 사건 자체가 아니라 사건이 보도되고 소비되는 방식이었다. 처음에 뉴스에서 그 소식을 들었을 때는 공포심을 조금 느끼는 정도였다. 술자리에 있다가 남녀공용 화장실에 가는 것은 내 일상에서도 흔히 벌어지는 일이었기 때문이다. 교통사고 뉴스를 접하면 운전을 조심해야겠다는 생각이 드는 것과 크게 다르지 않았다. 그러다가 피해자가 '화장실녀'로 불리고 '여자가 무시해서'라는 가해자의 진술이 신문 헤드라인을 장식하는 것을 보면서, 그제야 비로소 내 안전에 대한 감각이 뿌리째 흔들리기 시작했다.

강력범죄의 피해자가 되는 것은 누구에게나 닥칠 수 있는 불운

일지도 모른다. 그러나 그런 불운 이후에 단지 여성이라는 이유로 '화장실녀'로 불리는 것은 전혀 다른 문제였다. SNS에서 어떤 젊은 여성이 "내가 저런 식으로 혹시 죽게 되거든, 그래서 XX녀로 불리게 되거든, 가족들에게 반드시 사자 명예훼손으로 고소해 끝까지 싸우라고 전해달라"라고 쓴 것을 보았을 때는 툭 눈물이 터져 나왔다. 그러니까 어떤 여성들은 불운한 죽음에 대한 두려움을 넘어서, 죽어서조차 조롱의 대상이 되어 소비될 것을 두려워하고 있는 것이다. 그리고 그 자리에서 또 다른 나를 보았다.

그날 이후 묻어두었던 수많은 장면이 툭툭 의식을 치고 들어왔다. "남자 컨설턴트로 바꿔달라"던 그 장면도 그중 하나였다. 명절날 아침 아무 생각 없이 쪼르르 뛰어가 외갓집 대문을 열었다가 "재수 없게 계집애가 아침 댓바람에 제일 먼저 대문을 여느냐"라는 꾸중을 듣고 얼어붙고 말았던 장면도. "너네 넷이서 여자 하나를 못 당하느냐"는 말을 상무에게 들었다며 그 넷 중 하나가 내게 칭찬이랍시고 전하고선 머쓱히 웃던 장면도. 어떤 감정을 느껴야 하는지 알 수 없어서 '아무렇지 않음' 상자에 처박아놓았던 무수한 장면들이 있었다. 화가 나고 불쾌해질 때면 왜 난 '쿨하지 못하게' 이런 일에 마음이 상할까 자책했던 순간들이다.

내가 여자라서 불리한 상황을 겪지 않기 위해서 의식적으로, 또 무의식적으로 어떤 선택들을 해왔는지, 그런 선택이 가능하기까지 어떤 노력들을 기울여왔는지도 직시하게 되었다. 내가 심각한 차별을 겪지 않았다면, 세상에 그런 차별이 없었기 때문이 아니라 내가 그나마 차별이 적은 환경만을 선택해왔기 때문이다. 결과적으로 나는 좋은 것을 누렸고 그래서 불리한 게 없었다고 생각했지만, 내가 여자라서 처음부터 소거해버린 선택지들이 있었고, 그게 바로 차별의 결과였다.

더 많은 이야기가 필요하다

그럼에도 나는 여전히 내가 받아온, 혹은 극복했던 차별들을 이야기하는 데 불편함을 느끼곤 한다. 그 이야기가 내 지난 경험을 평면적으로 만들어버리고, 나의 이야기를 피해자의 이야기로 단순화해버리기 때문이다. 그러니까 나는 어떤 프로젝트에서 면전에서 "남성 컨설턴트로 바꿔달라"는 소리를 듣기도 했지만, 바로 그 프로젝트에서 "제 선생, 내가 무엇을 하면 좋을까요?"라는 질문을 받기도 했다. 그 프로젝트는 내게 차별의 경험이기도 했지만 나를 성장시키고 북돋아준 경험이 되기도 했다. 그리고 아마도 차별의 순간을 포함하는 지난 모든 경험이 그러할 것이다.

좋은 것과 나쁜 것은 언제나 함께 온다. 그중 무엇을 중심으로 내 과거를 이야기로 엮을지는 내 선택이다. 내 이야기에 대한 편집권은 오롯이 나에게 있다. 그러나 여기에는 자신을 위한 배려뿐 아니라 사회에 대한 윤리적 책임이 필요하다. "차별받은 적 없어요"라고 이야기하는 순간, 내가 겪은 차별뿐 아니라 세상에 버

것이 존재하는 차별까지 지워버리는 효과가 나타난다. 그런 식으로 말하는 것은 무책임한 일이다. 그렇다고 "차별받았어요"라고 말하자니 차별이라는 말 하나에 과거의 모든 경험이 빨려 들어갈까 두렵다. 이런 이야기의 화자는 그저 피해자로 납작하게 평면화되고 만다. 길고 자세하게 충분히 말할 수 있는 자리가 아니라면, 자꾸 입을 다물게 되는 이유다. 입을 다무는 게 정답이 아니라는 걸 안다. 그래서 길고 자세한 이야기를, 나뿐이 아니라 일하며 분투해온 모든 여성들의 이야기를 꺼낼 수 있는 자리들이 필요하다고 느낀다. 더 많은 여자들의 이야기가 궁금하다.

배우는 법을 배우기

나의 지성이 집중해야 할 지점은
한 발을 잘 내딛는 것이다.
성장은 한 발들을 경유하지 않고
직접 가닿을 수 없는 결과물이다.

체육관에서 운동을 하다가 오른쪽 고관절이 또 시큰거렸다. 동작을 멈추고 숨을 고른다. 며칠은 하체 운동을 건너뛰어야 하려나 보다. 조금 무리하면 고관절이 울부짖는 것은 10년 전쯤부터다.

회사 동료들과 함께 10킬로미터 달리기 대회에 출전하기로 약속한 것까지는 좋았는데, 이후 몇 달간 맹렬하게 달리기 훈련에 돌입한 게 문제라면 문제였다. 열심히 하면 된다는 무식한 정신으로 거리를 늘리고 기록을 재가면서 일주일에 네 번씩 훈련에 나섰다. 그렇게 두 달쯤을 보내고 나니 오래 뛰는 건 수월해졌지만 고관절이 고장 나고 말았다. 결국 마지막 한 달은 거의 연습을 할 수 없었고, 대회 날에는 또 미련하게 진통제를 먹고 10킬로미터를 뛰었다. 그 경험이 남긴 결과는 두 가지다. 내가 달리기를 좋아하게 되었다는 것, 그렇지만 조금만 무리해도 고관절이 아프게 되었다는 것이다.

내 훈련에 무슨 문제가 있었는지 정확하게 깨달은 것은 얼마 전 시어도어 다이먼의 《배우는 법을 배우기》를 읽으면서였다. 몸을 쓰는 기술에서 인간의 정신과 신체가 어떻게 유기적으로 작동하는지를 다룬 책이다. "대개 배움의 열쇠는 애쓰는 것이 아니라, 멈추어 명료하게 생각하는 데 있다. 즉, 당신이 늘 하던 방식대로 행하는 것을 멈추는 것이 배움의 비결이라고 할 수 있다."

서문에 등장한 이 구절에서 나는 뒤늦은 '아차'의 순간과 마주했다. 한 시간 안에 결승선을 통과하는 것을 목표로 훈련을 시작했는데, 내가 달릴 줄은 알지만 단지 '10킬로미터를 한 시간 안에' 달릴 줄을 모를 뿐이라고 착각했던 것이다. 나의 훈련은 어떻게 '달릴까'가 아니라 어떻게 '빨리, 오래', 그러니까 한마디로 '잘' 달릴까에만 초점을 맞추고 있었다. 다이먼은 대부분의 사람이 배움을 시도할 때, 진정한 의미의 시도가 아니라 그저 '잘하려고 애쓰기'를 수행할 뿐이라고 말한다. 특정 기술을 익히기 위해 어떤 세부 동작이 필요한지 분절하여 이해하지 못한다면 판에 박힌 행동을 무의식적으로 반복할 수밖에 없다.

저자는 또 "'결과'에 대해 생각하는 것이 실패의 보증수표"라면서 "결과가 아니라 그것에 이르는 '방법'에 오롯이 주의를 기울여야 한다"라고 말한다. 나는 '10킬로미터를 한 시간 안에'가 아니라 내 무릎이 어떻게, 팔이 어떻게, 발바닥이 어떻게 움직이는지에 더 신경을 썼어야 했다. 10년 늦었지만 유튜브에서 '달리는 법'을 검색했다. 검색 결과 제일 윗줄에 있는 영상을 클릭하니 첫 장면에서 발뒤꿈치를 디디며 달리면 안 된다는 이야기가 나왔다. 고관절 부상으로 가는 지름길이란다. 10년 전 나는 왜 몸과 마음만 부지런하고 머리가 게을렀을까. 참으로 늦었지만, 지금이라도 배우는 법부터 시작한다. 아직 달리기를 좋아하니 다행이다.

"어떻게 성장할 수 있나요?"

"일을 하면서 어떻게 성장할 수 있나요?"

같은 층의 사무실에서 일하는, 나보다 조금 어린 동료가 던진 질문이었다. 사실 《배우는 법을 배우기》를 읽게 된 것은 달리기나 고관절이 아니라 이 질문 때문이었다. 글쎄 나는 일을 어떻게 배웠고, 어떻게 성장했더라? 처음 질문을 받았을 때 내놓은 답이 만족스럽지 않았기 때문에 며칠 동안 계속 질문을 곱씹었다. 일을 하며 스스로 성장하고 있다는 감각은 늘 짜릿함을 주지만, 성장을 목표로 일했던 적은 없었다는 사실을, 이 질문을 받고서야 깨달았다. 그러다가 '배우는 법을 배우기'라는 제목을 발견하고선 '이 책에 힌트가 있을까?' 하는 기대가 들었던 것이다.

잘하고자 하는 욕망은 대개 우리를 더 걱정하게 만들 뿐 부담을 덜어주지는 않는다. 무엇을 해야 하는지 생각하는 것에서 주의를 거두고 자신이 무엇을 할 수 있는지에 주의를 기울일 때 우리는 비로소 자신의 행위에 집중하고 불안을 넘어설 수 있게 된다.•

"어떻게 성장할 수 있을까요?"라는 질문은 어쩌면 '애쓰기'로 인도하는, 잘못 끼운 첫 단추인지도 모르겠다. "무엇을 어떻게 배워야 할까요?"와는 분명히 다른 질문이다. 핵심은 '나'의 '성장'이 아니라 내 눈앞의 과업(무엇)과 그것을 해내는 방법(어떻게)에 집중하는 것이다.

그러니까 한 발 한 발을 제대로 올바르게 내디딜 수 있어야만 부상 없이 잘 달리는 사람으로 성장할 수 있다. 나의 지성이 집중해야 할 지점은 한 발을 잘 내딛는 것이다. 성장은 한 발들을 경유하지 않고 직접 가닿을 수 없는 결과물이다.

성장은 과정을 경유하지 않고서는 얻을 수 없는 결과이고, 잘 수행된 과정은 세상이 성공이라고 정의하는 결과를 담보하지는 못해도 성장만은 가져다준다. 아니 정확히 말하자면, 수행의 과정에 지적으로 집중하며 자신이 무엇을 어떻게 하고 있는지 의식하는 데 노력을 기울인 사람은, 자신이 무엇에서 나아졌는지 발견하게 된다. 그걸 발견한 사람은 거기에 '성장'이라는 이름을 붙인다.

• 시어도어 다이먼, 원성완 옮김, 《배우는 법을 배우기》, 민들레, 2017, 121쪽.

모두에게는 선생님이 필요하다

돌이켜 보면 내가 성장을 가장 뚜렷이 자각했던 때는 첫 직장에서의 3년 남짓이었다. 컨설팅 회사였던 그 직장에는 촘촘하기로 소문난 성과 평가 프로세스가 있었다. 성과 평가는 매 프로젝트가 끝날 때마다, 또 프로젝트별 평가를 종합해 반기마다 이루어졌다. 한 해 동안 받는 성과 평가 리포트는 많을 때는 여섯 번인 적도 있었다. 촘촘한 것은 빈도만이 아니었다. 성과 평가는 평가자의 주관적 기준에 따라 두루뭉술하게 이뤄지는 것이 아니라, 매우 구체적으로 정의된 50개 항목에 따른다. 문제 해결의 영역에서 이슈를 파악하고 구조화하는 능력에서부터 자신의 과제를 스스로 계획하고 시간을 관리하는 능력, 분석의 결과를 종합해서 문서와 구두로 소통하는 능력, 팀의 일원으로서 일하는 능력, 갈등 상황을 다루는 능력 등등. 더구나 성과 평가의 중요한 원칙은 성과 평가의 결과가 평가 대상자를 놀라게 해서는 안 된다는 것이었다. 성과 평가에 반영될 사항들은 미리 피드백을 주어 스스로 개선할 기회를 주어야 한다는 뜻이다.

이런 기준에 따라 거의 매주, 적어도 2주에 한 번은 프로젝트 팀장으로부터 피드백을 받는 시간을 가졌다. 숨 막힐 것같이 들리지만, 내게는 이 과정이 오히려 불안감을 덜어주었다. 막연히 '잘해야지', '성장해야지' 하고 생각하는 대신, 구체적으로 지금 해야 할 일에 의식을 집중할 수 있게 되었기 때문이다. 예를 들면

"질문에 솔직하게 반응한다. 답이 준비되어 있지 않을 때는 그렇다고 바로 수긍한다", "프레젠테이션 중에 즉흥성을 받아들인다. 필요할 때는 준비했던 의제를 내려놓고 클라이언트의 이야기를 따라갈 줄 안다" 같은 구체적인 피드백을 받으면 '나는 잘하고 있을까' 하는 막연한 불안의 자리에 '다음엔 이렇게 해보자'는 목록이 들어서게 된다.

컨설팅은 해당 프로젝트의 성과를 측정하기 쉽지 않은 데다가, 각각의 컨설턴트가 일을 잘한다고 해서 프로젝트가 반드시 성공하는 것도 아니다(따지고 보면 그렇지 않은 일이 어디 있겠는가). 그러니 내가 과연 일을 잘하고 있는지, 무엇을 어떻게 해야 잘하는 건지 혼란에 빠지기 십상이다. 컨설턴트로 경력을 시작한 사람이라면 더욱 그렇다. 그럴 때 주어진 구체적인 '어떻게'의 목록은 나에게 '일을 잘한다는 것'의 명확한 정의를 내려주었다. 그 덕에 내가 어찌할 수 없는 사안들을 걱정하는 대신, 오늘 당장 부딪히는 내 일의 현장에서 어떻게 일해야 할지에 집중할 수 있었다. 그리고 그 50개 항목은 이후에도 나 자신의 성과를 객관화하는 준거가 되어주었다. 첫 직장을 떠난 뒤로는 어떤 곳에서도 이런 수준의 피드백을 받아보지 못했다. 그제야 내가 누린 경험이 큰 행운이었다는 것을 알았다.

가끔 일을 잘하려면 "일머리가 좋아야 한다"거나 "결국은 센스 문제"라는 말을 듣곤 한다. 나도 이런 말에 고개를 끄덕인 적이 한두 번이 아니다. "일을 하면서 어떻게 성장할 수 있나요?"라는 질문을 받고 곰곰이 생각한 끝에 나는 그런 말들이 폭력적일 수 있다는 것을 깨닫게 되었다. 성장에는 과정을 요소들로 분절하고, 요소들에 집중하는 시간이 필요하다. 과정을 요소들로 분절하는 일을 스스로 해낼 수 있는 사람도 있겠지만(세상에는 천재가 있으니까), 일을 배워낸 사람들, 그리하여 결국 성장한 사람들에게는 그 요소들을 보여준 선생님이 있기 마련이다. 대개 그 선생님들은 가르치는 줄도 모르고 가르쳤기 때문에 배우는 사람도 무엇을 배우는지 모르고 배우지만, 내 첫 직장에서처럼 아주 명확한 시스템이 곧 선생님이기에 빠르고 효과적으로, 무엇을 배우는지 인지하며 배우게 되기도 한다.

"성장을 목표로 하지 말고, 오늘의 과업에 집중해야 해요"라고 그 동료에게 말하고 싶었던 마음을 거둔다. 유튜브에서 주법 레슨 영상을 봐야 했던 나처럼, 모두에게 선생님이 필요하다.

한계가 주는 해방감

끝이 원치 않는 모습이라고 해서
과정도 그런 것은 아니며,
끝을 안다고 해서 거기에 이르는 길을
다 아는 것도 아니다.

해야 하는 일, 하기로 마음먹은 일이 감당할 수 없는 과업이라는
느낌이 몰려올 때가 있다. 일이 크든 작든, 없는 것에서부터 만들
어가야 할 때가 보통 그렇다. 머릿속 꿈일 때는 가능할 것처럼 보
이던 일도 현실의 과제가 되는 순간 내가 통제할 수 있는 일이 많
지 않다는 현실에 직면하게 된다. 내가 노력해서 만들 수 있는 범
위는 언제나 매우 제한적이다. 특히 크든 작든 기존에 없던 새로
운 것을 만들겠다고 팔을 걷어붙이고 나면, 때때로 내가 감당 못
할 일을 하고 있다는 느낌에 시달린다. 이게 과연 되는 일일까 하
는 의심과 함께.

예전에는 그런 느낌이 엄청난 압박, 때로는 무력감과 함께 찾
아왔다. 내가 괜한 일을 벌인 건가, 쓸데없이 사람들을 고생시키

는 건 아닌가, 내 시간을 낭비하고 있구나, 잘하는 일이나 할 것이지 왜 이러고 있나 싶은 자책도 함께였다. 그런데 언제부터인가 마음이 조금 달라졌다. '할 수 있는 걸 하나씩 하는 수밖에 없다'라고 생각할 뿐이다. 내가 할 수 있는 걸 최대한 빨리 최대한 잘하자는 마음이지만, 그 결심이 반드시 해내야겠다는 비장함 같은 것은 아니다.

물론 여전히 스트레스는 있다. 과업이 주는 압박감 역시 사라진 것은 아니다. 하지만 잘되지 않으면 어쩌지 하는 두려움이나 괜한 짓을 했나 의심하는 마음은 사라졌다. 비유하자면 이렇다. 영문을 알 수 없는 이유로 잔뜩 어질러진 잠실종합체육관을 혼자 청소해야 하는 청소부가 있다. 여기에 더해 그는 이 체육관을 다 치우는 데 얼마의 시간이 허락되었는지 알지 못한다. 결국은 다 끝내지 못할 거야. 열심히 해봤자 어떻게 다 치우겠어. 대체 이렇게 어질러놓은 사람이 누구야. 함께 치워줄 사람이 한 명만 더 있어도 낫겠는데. 온갖 잡념이 머릿속에 떠오를 수 있겠지만, 이런 생각은 체육관에 들어오기 전에 끝내야 하는 것들이다. 의자 하나를 펼쳐 앉아 그냥 포기를 선언하곤 체육관에서 나갈 때를 맥 놓고 기다릴 게 아니라면, 내가 할 수 있는 최대한의 속도로 청소를 할 수밖에 없다. 매번의 빗질에 집중하며, 생각이라는 걸 해야겠다면 빗질을 좀 더 낫게 할 방법을 생각하며.

미래를 껴안는 관점

2017년 2월 퀴퀴한 냄새가 나는, 연신내의 한 극장에서 영화 〈컨택트Arrival〉를 봤다. 피곤한 하루였지만 어쩐지 그냥 집에 들어가고 싶지 않은 이상한 날이었다. 밤 10시가 넘어 시작하는 영화였고, 보다가 졸지 않을까 불안한 마음으로 자리에 앉았다. 관객이 채 열 명도 되지 않았다.

정체를 알 수 없는 비행물체가 외계인을 태우고 지구 곳곳에 당도한다. 언어학자 루이스는 그 외계인들과 소통하는 임무를 맡게 된다. 여섯 개의 촉수가 달렸으며, 어느 방향을 보고 있는지 알 수 없게 생긴 외계인들에게 루이스의 팀은 헵타포드라는 이름을 붙인다.

헵타포드의 언어는 그들의 생김새와 비슷하다. 헵타포드는 텅 빈 스크린에 문자를 띄우는 방식으로 말을 거는데, 그 문자는 어느 방향으로 읽어야 하는지 정해져 있지 않다. 문자를 '띄운다'고 표현한 이유도 그것이다. 헵타포드는 전하려는 메시지를 담은 문자를 한 번에 스크린 위로 띄운다. 순서에 따라 한 글자씩 적어가는 것이 아니다. 말인즉슨 헵타포드의 언어에는 시작과 끝이 없다. 따라서 그들에게는 과거에서 미래로 흐르는 시간의 개념도 없다.

언어를 배우는 것은 곧 그 언어로 생각하고 인식하는 것이기에 (이 영화는 두 가지 전제를 바탕으로 펼쳐지는데, 이게 첫 번째다) 헵타포드의 언어를 익힌 루이스는 헵타포드처럼 인식하게 된다. 현재를 인식하는 동시에 미래까지 인식하게 되는 것이다. 이게 가능하려면, 현재의 행위 안에 이미 미래의 결과가 내포되어 있다는 전제가 성립해야 한다(이것이 영화의 두 번째 전제다). 현재의 사건이 발생함과 동시에 미래의 사건도 발생한다는 의미다.

루이스가 헵타포드의 언어를 통해 갖게 된 인식 능력을 지구인의 언어로 표현하자면, 미래를 내다보는 능력이겠지만, 헵타포드의 세계관에서 보자면 현재와 미래는 시간으로 분리되어 있지 않으므로 현재에 대한 인식은 그 자체로 곧 미래에 대한 인식이다. 루이스는 미래의 사건을 '예측하는' 것이 아니라 현재와 연결되어 일어나는 한 사건의 일부로서 '아는' 것이다.

헵타포드의 언어를 통해 미래를 알게 된 루이스는 오늘의 어떤 선택이 미래에 어떤 고통과 상실로 연결되는지 알게 된다. 그럼에도 루이스는 마치 선택의 여지가 없다는 듯이, 그 선택을 향해 뚜벅뚜벅 걸어간다. '무슨 일이 벌어질지를, 그리고 그 끝이 원치 않는 상황이라는 것을 안다고 해도 그 길을 선택하겠느냐'는 질문에 루이스는 '예스'라고 대답한다.

영화관을 나오는데 어안이 벙벙한 기분이었다. 자정이 넘은 시각이었지만 정신은 더욱 또랑또랑해졌다. 내 '인생영화'가 되겠구나 싶었다. 내 삶에서 원하던 태도가 바로 저런 것이었다.

오늘의 선택은 오늘의 결과다

하고 싶은 일, 해야 하는 일의 범위가 클수록 내가 직접 좌지우지할 수 있는 영역은 매우 제한적이며, 어쩌면 그것조차 내가 어떤 사람인가에 의해 이미 결정되어 있다는 생각을 하곤 한다. 이런 생각은 무력하게 보일지도 모르지만, 달리 보면 더없는 해방감을 준다. 더 나은 결과를 만들기 위해서, 또는 미래를 원하는 방향으로 확정하기 위해서가 아니라, 이미 정해진 미래로의 과정을 충실히 경험하기 위해서 오늘 해야 할 일들을 하는 것이다.

　루이스의 '예스'라는 대답은 이런 생각에서 나온 것이 아닐까 짐작해본다. 끝이 원치 않는 모습이라고 해서 과정도 그런 것은 아니며, 끝을 안다고 해서 거기에 이르는 길을 다 아는 것도 아니다. 삶이 끝을 확인하기 위해 동원되는 절차인 것도 아니다.

　반드시 좋은 결과를 만들어내겠다는 이 악문 태도냐, 좋을지 나쁠지는 알 수 없다고 해도 결과는 이미 주어진, 그리고 주어질 상태로 인해 정해져 있고 나는 그 과정을 최선을 다해 밟을 뿐이라는 태도냐. 이 둘을 결과와 과정 중 무엇인가의 문제로 볼 것은 아니다. 후자의 태도가 역시 과정을 즐기면 그만이라는 것을 의미하지는 않는다. 오히려 결과를 얼마나 미세하게 쪼개어, 과정 중의 무수히 많은 중도적 결과들을 인식하고 이름 붙이느냐의 문제에 가깝지 않을까. 이 둘 중 어느 게 더 낫고 못하다고 말할 수는 없다. 다만 한 사람이 어떤 윤리적 딜레마에 부딪혔을 때, 그가 둘 중 어떤 태도를 갖느냐가 여실히 드러날 뿐이다. 후자의 태도를 가진 사람에게 오늘 내리는 선택은 그 자체로 결과다. 오늘 내린 선택이 좋은지 나쁜지가 미래의 결과에 의해 결정되지는 않는다. 오늘 좋은 것은 그냥 오늘만으로 이미 좋다고 하기에 충분하기 때문이다.

의미를 곱씹어볼 겨를도 없이 일들을 쳐내며 이 여파가 어디로 갈지 알 수 없어 아득한 느낌이 들었던 한 주를 보내고 이 글을 쓴다. 하루에도 크고 작은 결정을 수없이 내리며, 모든 결정이 최선이기보다는 늘 내게 주어진 현실 속에서 최적화일 뿐이라는 씁쓸함에 시달렸던 한 주였다. 그래도 일주일치 청소를 열심히 했다. 그게 언제인지는 몰라도 체육관을 떠나는 순간까지 그럴 수 있길 바란다. 혼자 힘으로는 도저히 불가능할 것 같은 일들을 시도하고 있는 모든 사람들을 응원한다.

경계를 넘게 하는 것은

한 번 경계를 넘어본 사람은 두 세계, 두 차원을
다룰 줄 아는 사람이 되는 것이 아닐까.
이제 그는 경계를 넘기 전과 질적으로 다른 사람이다.

영화 〈컨택트〉에서 가장 기억에 남는 장면은 루이스가 다른 동료
들과 함께 UFO 안으로 처음 발을 들인 그때, 지구와는 다른 차원
에서 작동하는 외계인들의 세계로 넘어가기 위해 벽을 향해 몸을
날리던 바로 그 순간이다. 루이스는 본능적인 공포를 누르며 허
공에 몸을 날린다. 그 순간 차원이 바뀌며 전혀 다른 시공간으로
진입한다. 조금 전까지 벽처럼 보였던 것은 단단한 지면으로 변
해 있다. 그 벽을 발로 딛고 일어서자 헵타포드의 언어가 떠오르
는 스크린이 눈앞에 펼쳐진다. 벽을 향해 몸을 던지기 전에는 존
재하는 줄도 몰랐던 세계다.

　루이스가 몸을 날릴 수 있었던 이유는 무엇이었을까. 첫째는
벽을 바닥처럼 밟고 선 동료들을 눈앞에 볼 수 있었기 때문이었

을 것이다. 저들이 저곳에서 아무렇지 않다면 나도 가능할 것이라는 믿음이 경계를 넘어서는, 모서리를 뛰어넘는 도약을 가능하게 하지 않았을까.

두 번째는 본능적 공포를 이기게 하는 호기심이었으리라. 이 경계를 넘어 저곳에 무엇이 있는지 확인하고야 말겠다는 마음. 이렇게 생각하면, 슬쩍 머리를 디밀어 경계 너머의 곳을 훔쳐보는 기회, 그리고 결국 경계 너머의 삶을 직접 경험해보고 싶다는 욕망이 우리를 하나의 세계에서 다른 세계로 나아가게 해주는 것이 아닌가 싶다.

무엇보다 내 마음에 남았던 것은 한 번 경계를 넘어간 사람은 다시 경계의 이쪽과 저쪽을 자유롭게 넘나들 수 있다는 점이었다. 처음 몸을 던지는 순간 망설였던 루이스도 두 번째, 세 번째에는 망설임 없이 벽을 향해 몸을 던지고 거침없이 두 세계를 넘나들게 된다. 한 번 경계를 넘어본 사람은 두 세계, 두 차원을 다룰 줄 아는 사람이 되는 것이 아닐까. 이제 그는 경계를 넘기 전과 질적으로 다른 사람이다.

덜 조심하기

"덜 조심하면서 살자." 2016년을 시작하는 겨울, 길게 떠났던 여행에서 마음에 새긴 결심이었다. 지금까지 나는 지나치게 조심하면서 살아왔고, 이젠 그럴 필요가 없을 때가 되었다(아니 이미 지났다)는, 이렇게 조심해서는 원하는 만큼 멀리 갈 수 없을 것이라는 생각이 들었다.

사람들은 가끔 내게 대담하고 거침없다고 말하지만, 나는 사실 겁이 많은 사람이다. 맡은 일을 잘 해내지 못할까 봐 겁을 내고, 하겠다고 공언한 일이 실패할까 봐 겁을 내고, 사람들을 불편하게 할까 봐 조바심을 낸다. 과신하는 사람, 무책임한 사람, 무능한 사람이 될까 봐 겁을 낸다. 그래서 함부로 말하지 않으려 신경쓰고, 욕먹을 것 같은 말은 아예 꺼내지 않고, 잘할 자신이 없으면 아예 시작도 하지 말아야 한다고 생각하는 사람이었다. 왜 이런 말을 안 했을까보다는 왜 그런 말을 했을까 후회하고, 많은 말을 쏟아낸 날이면 침대에 누워 내가 뱉은 말을 다시 곱씹어보며 괴로워하는 날도 많았다. 지금도 여전히, 새로운 일을 덜컥 맡고 나서는, 그게 사실은 내 능력 밖의 일이라는 것을 모두에게 들켜버릴 것 같은 두려움을 느끼곤 한다. 그렇지만 나의 30대는 이런 두려움으로부터 조금씩 자유로워지는 시간이었다.

막 40대의 문턱에 들어서고 있던 2016년, 나는 아직도 남아 있는 나의 '조심스러움'을 더 날려버리고 싶었다. 30대를 맞이하던 나로부터 분명히 멀리 와 있었지만, 아직도 좋은 것을 향하는 것보다는 나쁜 것을 피하는 것에 더 집중하고 있다는 것을 인정하지 않을 수 없었다. 나쁜 것을 피하는 방법으로는 앞으로 나아갈 수 없으며, 지금 나는 이제까지 온 것보다 훨씬 멀리 나아가고 싶어 한다는 점을 받아들였다. 그러니까 나는 여전히 겁이 났지만, 겁을 무릅쓸 만한 이유를 갖게 된 것이다.

'모험'의 다운사이드

내가 대담한 사람처럼 보일 만큼 많은 '감행'을 하면서 살아온 것은 사실일지도 모르겠다. 하지만 그건 나에게 겁이 없어서가 아니라 그 '감행'의 다운사이드를 수없이 시뮬레이션해보았기 때문이다. 하고 싶은 일이 있는데 두려움이 가로막을 때, 나는 이 결정이 가져올 최악의 상황을 상상해본다. 그렇게 길게는 몇 달, 짧게는 며칠의 시뮬레이션을 끝내고 나면, 최악의 상황이라는 것도 감당할 만하다는 결론에 이르게 된다. 그리고 다행히도 현실은 늘 상상했던 최악의 상황보다는 나았고, 그렇게 축적해온 데이터 덕에 나는 점점 더 대담해질 수 있었던 것 같다.

2016년 초에 했던 "조심하지 말자"라는 결심은, 이제 시뮬레이션 시간을 조금 단축하고, 하고 싶은 말을 향해, 원하는 길을 향해 직진해보자는 것이었다. '이제 나에게 남은 시간은 점점 줄어들고 있다. 준비하고 학습하고 성장하는 것이 먼저라고 생각할 나이가 아니다'라는 자각이기도 했다. 그리고 무엇보다 그냥 갈 수 있는 한 멀리 가보고 싶어졌다. 나에게 주어진 능력이 있다면, 그 능력을 다 써보고 싶다. 남김없이, 전부.

그 결심으로부터 2년이 지났다. 확실히 그 시작점에서 멀리 온 것 같다. 나는 더 훨씬 대담해졌고, 크고 작은 일들을 더 많이 벌였으며, 더 거침없이 말하고, 내 의견에 반대할 사람을 줄이기보다는 내 의견에 동의할 사람을 늘리기 위해 목소리를 높이기 시작했다. 예전 같았으면 거절하거나 피했을 자리에도 더 많이 나선다(물론 더 하자면 더 할 수도 있겠지만, 나로서는 정말 많이 온 것이라고 생각한다).

지난 2년을 결산해보자면 어떨까? 적어도 아직까지는 두려워했을 법한 상황이 그다지 많이 벌어지지 않았다. 더구나 분명한 건, 나에게 더 단단한 지지와 우호의 기반이 생겼다는 사실이다. 내가 원하는 바, 내가 믿는 바를 더 많이 발신한 만큼, 같은 것을 원하고 믿는 사람들을 더 많이 만났다. 그리고 그 기반 덕에 나는 더 멀리 가야겠다는 결심을 갱신하며, 내가 도착한 지점에서 다음 사람이 출발할 수 있기를 바라게 되었다.

이상한 일이다. 이 글을 쓰기 시작할 때는 이 말을 하려던 게 아니었다. 실은 대담해지기로 결심하고 2년이 넘게 지나면서, 가끔 내가 지나치게 대담해진 건 아닌가 걱정하곤 한다는 마음을 적어보고 싶었다. 내가 이제 너무 함부로 말을 하고 있지는 않나, 지나치게 많은 일을 벌이며 손을 대고 있지는 않나, 깜냥을 넘어선 욕심을 부리는 건 아닌가, 이러다가 큰 실수를 저지르지나 않을까, 돌아보고 있다고. 방향을 바꾸어 신나게 달리다가도, 이따금씩 너무 멀리 온 건 아닌지 지도를 다시 펼쳐봐야 하고, 지금이 바로 그런 때인지 모르겠다는 생각을 요즘 문득 문득 한다고. 그런데 이 글을 쓰다 보니 나는 이미 답을 알고 있는 것 같기도 하다. 그래, 아니야. 이대로 좀 더 가봐야겠다.

2

어느 쪽이든
선택하기

완벽하게 어중간한 맛

어느 쪽 길을 간다 해도
언제나 아까운 것은 있기 마련이다.

지인의 추천으로 영화 〈거북이는 의외로 빨리 헤엄친다〉(2005)를
최근에야 보았다. 스파이 신분을 감춘 채 지극히 평범한 모습으
로 살아가는 사람들이 등장하는 영화다. 영화의 주인공은 비범한
구석이라고는 하나 없이 살아가는 스즈메(우에노 주리)다. 존재감
없는 자신의 삶에 쓸쓸함을 느끼던 어느 날, 스즈메는 계단 귀퉁
이에 붙은 손톱만 한 '스파이 모집' 광고를 발견한다. 그렇게 우연
히 스파이의 길에 발을 들이고 나서야 일상 속에서 자주 스쳐 지
나갔던 평범한 인물들이 실은 스파이였다는 것을 알게 된다.

　내게 가장 인상적인 인물은 스즈메의 단골 라면집 주인장(마츠
시게 유타카)이다. 다들 '어중간한 맛'이라고 평하는 이 집의 라면
을 스즈메는 이상하게도 좋아한다. 알고 보니 이 라면집의 주인

장 역시 신분을 감추고 살아가는 스파이다. 라면집 주인장은 자신이 사실은 라면을 아주 맛있게 만들 줄 아는 사람이라고 주장한다. 그렇지만 라면이 맛있어 손님이 몰리고 식당이 유명해지면 신분을 들킬 수 있기 때문에 눈에 띄지 않는 맛을 유지하려고 노력한다는 것이다. 20년 가까이 본부에서 지령이 내려온 적은 없다. 다만 최선을 다해 눈에 띄지 않도록 '어중간한 맛'을 내는 일이 그의 임무다.

실은 본부 같은 건 없는 게 아닐까 의심이 들 때쯤, 스파이들은 호출 신호를 받는다. 다음 날 저녁 9시에 스파이들은 평범한 일상을 버리고 떠나야 한다. 출동을 앞둔 마지막 저녁, 라면집 주인장은 20년 만에 자신이 만들 수 있는 가장 맛있는 라면을 만든다. 동료 스파이이자 두부 가게 남자는 그 라면을 한 젓가락 뜨더니 이렇게 말한다. "이렇게 맛있는 라면을 만들 줄 알면서 내내 그런 어중간한 라면을 만들며 살았다니, 아깝지 않았어?" 이 말에 라면 가게 주인장은 이렇게 답한다. "뭐, 내가 선택한 길이니까요."

아깝다니, 어느 쪽이요?

나는 6년 넘게 조직에 속하지 않은 채로 다양한 일들을 벌이며 지내다가 두 달 전에 다시 직장에 들어왔다. 예전에 나는 투자업계에서 일을 했고, 새 직장도 분야는 좀 다르지만 투자 일을 하는 곳이다. 다시 직장에 다니게 되었다고 소식을 전했을 때, 사람들의 반응은 세 가지로 나뉘었다. 순전한 놀라움과 함께 축하나 응원의 말을 하는 쪽, 그리고 '아까웠다'고 반응하는 쪽과 '아깝다'고 반응하는 쪽. '아까웠다'고 반응하는 사람들은 "네가 잘할 수 있는 일을 놔두고 능력을 썩히는 게 아까웠는데, 이제 잘되었구나" 하는 인사를 건넸다. 어떤 의미로든 내 능력을 높게 봐주니 감사한 일이다. '아깝다'고 말하는 쪽은 "자유롭게 사는 모습이 보기 좋았는데, 다시 직장에 들어간다니 아깝다"라는 마음의 표현이다. 조직 없이 일하며 누리는 자유를 새삼 부정하는 것도 아니니, 역시 끄덕끄덕하며 웃을 뿐 반박할 것도 없다. 그렇지만 뒤늦게 〈거북이는 의외로 빨리 헤엄친다〉를 보고 나니 나도 저렇게 답할 걸 그랬다 싶다. "뭐, 내가 선택한 길이니까요"라고. 어느 쪽 길을 간다 해도 언제나 아까운 것은 있기 마련이다.

라면 가게 주인장은 스파이 임무를 위해 떠나면서 스즈메에게 자기만의 라면 레시피를 남긴다. 맛있는 라면이 아니라 어중간한 맛의 레시피다. 다른 곳에서는 절대 먹을 수 없는, 완벽하게 어중간한 맛. 스즈메에게는 가장 특별한 맛이다. 맛있는 라면의 레시피가 아깝지만, 역시 그의 선택이다.

어떤 선택이라도 좋다

인생의 거의 모든 선택은
좋은 것일 수도 나쁜 것일 수도 있다.
시간이 흐르고 나서 우리는
그 선택에 의미를 부여할 수 있을 뿐이다.

2016년 송년회 이벤트로 친구들과 영화 〈라라랜드〉를 봤다. 그저 볼거리가 많은 영화라고 여기며 심드렁하게 스토리를 따라가고 있었는데, 갑자기 내 생각을 강하게 붙드는 장면이 나왔다. 세바스찬(라이언 고슬링)이 고향에 내려간 미아(엠마 스톤)를 찾아가 오디션을 보라고 설득하는 장면이었다.

배우를 꿈꾸며 커피숍에서 일하던 미아는 수없이 오디션을 보지만 번번이 떨어진다. 세바스찬의 제안으로 미아는 자신이 직접 대본을 쓴 일인극을 무대에 올렸지만, 돌아온 건 역시 실패다. 텅 빈 객석 앞에서 가까스로 공연을 마친 미아는 분장실에 우두커니 앉아 있다. 그때 미아에게 실제인지 환상인지 모를 비판의 목소리들이 쏟아진다. 결국 미아는 마음이 너덜너덜해진 채 고향으로 돌아가고 만다. 그런데 실패로 알았던 그 연극 공연을 보고 한 영화사의 캐스팅 디렉터가 연락을 해왔고, 미아 대신 연락을 받은 세바스찬이 소식을 전하러 달려온 것이다.

그러나 미아는 로스앤젤레스로 돌아가기를 거부하며, 이제 실패에 지쳤다고 토로한다. "재능은 없고 하겠다는 마음만 가득한 사람들 있잖아. 나도 그런 사람들 중 하나였나 봐." 어린애처럼 굴지 말라는 세바스찬에게 미아는 6년을 시도했으면 꿈을 바꾸고 새로운 길을 찾는 게 어른스러운 것이라고 말한다. 객석에 앉은 우리는 조바심을 내며 마음속으로 외친다. "미아, 이게 바로 그 기회야, 잡아야 해." 물론 미아는 결국 오디션을 볼 것이며, 스타가 될 것을 우리는 안다. 영화가 가리키는 결말은 명징하다. 게다가 미아는 엠마 스톤이 아닌가.

제2의 엔딩

하지만 현실에서 우리가 맞닥뜨리는 선택은 그렇게 명백한 법이 없다. 마지막으로 한 번 더 시도해야 할지, 이제 할 만큼 했고 더 이상 희망은 없는 것인지, 결코 알지 못한다. 시간이 흐르고 나서 우리는 그때의 선택을 좋았던 것으로, 혹은 나빴던 것으로 의미를 부여할 수 있을 뿐이다. 인생의 거의 모든 선택은 좋은 것일 수도 나쁜 것일 수도 있다. 상처는 언제나 전환의 계기로, 성공은 변심의 출발점으로 해석될 수 있다.

그렇게 생각해서일까. 영화의 마지막에 "만일 미아와 세바스찬이 헤어지지 않았다면"의 상상이 스크린에 펼쳐질 때, 내 머릿속에는 다른 'what if'의 상상이 흘러갔다. 만일 미아가 그때 로스앤젤레스로 돌아가지 않았다면, 그 마지막 오디션을 끝내 보지 않고 고향에 남았다면, 미아는 어떤 사람이 되었을까. 〈라라랜드〉는 꿈이 있는 사람, 그리고 그 꿈을 이뤄내는 사람의 이야기다. 꿈을 좇느라 젊은 시절의 애인, 그것도 그 꿈의 길로 이끌어준 애인을 잃었다고는 해도 이 영화는 분명히 해피엔딩이다. 그렇지만 이 결말이 미아에게 가능했을 유일한 해피엔딩인 것은 아니다. 나는 고향에 남은 미아에게도 가능한 해피엔딩이 분명히 있을 것이라 믿는다. 미아는 배우의 꿈을 버리는 대신, 다른 목표와 계획을 찾을 수 있었을 것이고 거기에서 행복을 발견했을 수도 있다. 그리고 이 해피엔딩을 슈퍼스타가 되는 엔딩과 같은 저울에 올려놓을 수는 없다. 현실에서 미아가 고향에 남는 쪽을 선택했다면, 또 한 번의 오디션이 낳았을 결과는 봉인되고 만다. 현실에서 what if를 확인할 방법은 없고, 제2의 엔딩은 존재하지 않는다.

슈퍼스타가 된다고 해서 누구나 행복한 것은 아니고, 언제나 행복한 것은 더더욱 아니다. 슈퍼스타로 행복할 수 있다면 고향에 남았다 해도 행복할 수 있을 것이다. 행복은 결정적인 순간 단 한 번의 선택으로 결정되는 것이 아니다. 좋은 선택이 그 사람의 능력에 달린 것도 아니다.

"왜 회사를 그만두었나요?"

2014년 12월에 첫 책을 펴낸 후, 나에게 일어난 가장 큰 변화는 내가 내렸던 선택들에 대해 끊임없이 질문을 받는다는 것이다. 《내리막 세상에서 일하는 노마드를 위한 안내서》는 일의 조건이 변해버린 사회에서 일한다는 것에 관한 책이었지만, 많은 독자들이 퇴사에 대한 이야기로 그 책을 읽었다. 물론 퇴사의 경험이 없었다면 그 책을 쓰지 못했을 것이다. 하지만 책이 나왔을 때 '퇴사'는 이미 3년 전에 완결된 사건이었고 더 이상 내게 중요한 일도 아니었다.

그럼에도 책을 읽은 사람들은 내가 "왜 회사를 그만두었는지"를 궁금해했다. 나는 조금씩 다른 버전으로 수년에 걸쳐, 심지어 다시 직장인이 된 지금까지도 2010년에 왜 회사를 그만두었느냐는 질문을 받는다.

처음에는 지난 선택에 대해 질문을 받을 때마다 당혹스러웠다. 책에 그 이유를 충분히 썼다고 생각했는데, 내가 책에 썼던 것은 이유가 아니라 과정이었다는 사실을 뒤늦게 깨닫게 되었다.

나의 지난 선택을 한 마디로 설명해줄 명료한 이유가 있었을까? 퇴사라는 결과를 향해 직선으로 연결 지을 수 있는 하나의 원인을 찾는 것은 불가능해 보였다. 나에겐 회사를 그만둘 이유가 많았지만, 동시에 그만두지 않아도 좋을 이유도 많았다. 회사에 계속 다녔다면, (아무도 묻지 않았겠지만) 계속 다니기로 선택한 이유 역시 설명할 수 있었을 것이다.

미아는 왜 세바스찬을 따라 로스앤젤레스로 돌아갔을까? 이게 마지막 기회일 수 있다는 희망으로? 아니면 단지 세바스찬을 실망시키고 싶지 않아서? 그냥 날씨가 좋았고 눈이 떠졌으니 다시 한 번 시도해보지 못할 것도 없다는 이유로? 그 텅 빈 객석에서 내 연극을 보고 좋았다는 그 사람을 그저 만나보고 싶어서? 무엇이든 이유가 될 수 있다.

회사를 그만두고 싶다는 마음을 한 번쯤 먹어보지 않은 사람이 있을까? 누구에게나 그런 생각이 드는 자기 나름의 이유가 있겠지만, 그 이유란 또 누구에게나 엇비슷하기도 하다. 정해진 시간에 정해진 장소로 출근해야 하는 일상이 갑갑해서일 수도 있고, 회사가 요구하는 역할이 내 가치관이나 지향과 어긋나서일 수도 있고, 직장이라는 틀에 얽매여 내 일이 규정된다는 것을 온전히 받아들이기 어려워서일 수도 있고, 그 모두일 수도 있다. 나 역시 별로 다르지 않았다. 어떤 날은 이런 이유로, 또 어떤 날은 저런 이유로 회사를 그만두고 싶었다. 동시에 그런 날들 사이사이에 제법 좋은 날들이 있었다. 나름의 즐거움이 있었고 이 정도라면 계속 다녀도 괜찮겠다 싶을 때도 있었다. 머리를 파묻고 일을 하다 보면 복잡한 생각 없이 몰입의 재미를 느끼기도 했다. 어쩌면 몇 가지 분기점에서 다른 상황이 펼쳐졌다면, 계속 그곳에서 일했을지도 모른다.

그래서 질문을 받을 때마다 답은 그때그때 달라지곤 했다. 답은 과거의 선택을 설명하기보다는 현재의 나를 더 많이 설명했을 것이다. 원하는 시간에 원하는 곳에 있을 자유를 누리고 싶었다고 말할 때는 대관령에서 시간을 많이 보내는 게 좋았던 시기였다. 대리인으로서 클라이언트나 투자자의 이해를 무조건 받아들이며 일하기보다는 주체이자 당사자로서 내 기준대로 일해보고 싶었다고 답했을 때에는 '협동조합' 실험에 한창 몰입해 있던 시기였다. 그냥 이만하면 충분히 했다는 생각이 문득 들었고 다른 일을 해보고 싶어졌다고 답했을 때에는 새로 시도해보고 싶은 일들로 머릿속이 꽉 차 있던 시기였다. 이 모든 답들이 사실이었지만 전부는 아니었다. 모든 것이 이유였고, 그래서 또 이유가 아니기도 했다. 나는 사실 내가 왜 그런 선택을 했는지 완벽하게 알지 못한다.

현재가 과거를 재배치한다

회사를 왜 그만두었느냐는 질문을 받는 날에는 그때 회사를 그만두지 않았더라면 어땠을까 상상해보곤 한다. 이런저런 상상을 해보지만, 결국은 그때 회사를 떠나지 않았어도 크게 나쁘지 않았을 것이라고, 지금과는 좀 다르게 살고 있었겠지만 결국 비슷하게 행복하기도 불행하기도 했을 것이라고 결론짓게 된다. 그렇게 생각할 때, 나는 내 앞에 올 다른 선택들에 대해서도 말랑말랑한 마음을 갖게 된다. 어차피 what if를 확인할 방법은 없고, 단 하나의 경로만을 경험할 수 있다면 행복과 불행, 성공과 실패는, 내가 의식적으로 내리는 선택보다는 내가 어쩌지 못하는 행운과 불운, 그 행운과 불운을 대하는 나의 태도로 결정될 것이다. 나는 그렇게 믿기로 했고, 그 덕에 선택은 가볍게 하고 오늘은 단단하게 살려고 한다. 역시 내가 어쩔 수 있는 것은 오늘의 일상뿐이다.

회사를 그만둔 지 6년도 더 지나서 다시 지금의 직장에 입사하기로 마음먹었을 때도 마찬가지였다. 그때 왜 회사를 그만두었느냐는 질문만큼, 이번에는 왜 다시 회사를 다니기로 했느냐는 질문을 많이 받았다. 역시 이런저런 이유를 번갈아 대가며 대답하곤 하지만, 어떤 대답도 충분하지는 않다. 이런 회사라면 다녀도 좋겠다는 생각이 들었고 지금은 이 일을 정말 잘하고 싶다고 생각하지만, 실은 계속 회사 밖에서 일하면서 살아도 나름 괜찮았을 것이다.

좋은 하루를 보내는 것이 회사를 다니느냐 마느냐로 결정되는 것은 아니다. 현실에서라면 미아의 해피엔딩이 그 마지막 오디션에 오롯이 달려 있지 않았을 것처럼. 이렇게 믿은 덕에 다시 직장인이 될 수 있었다. 그렇게 믿은 덕에 또 다른 선택도 할 수 있게 될 것이다.

가끔 멋진 일이 생기고 난 직후에 삶을 되돌아보면, 인생에서 운이 좋았던 일들이 산맥으로 이어져 있는 것처럼 보인다. 끔찍한

일들이 생긴 후에 되돌아보면 인생은 고난의 연속이다. 현재가 과거를 재배치하는 것이다.[*]

● 리베카 솔닛, 김현우 옮김,《멀고도 가까운》, 반비, 2016, 359쪽.

일상의 테트리스

삶의 무수한 선택이 결국
자신의 우선순위에 맞춰
얻을 것과 버릴 것을 추려가는 과정이다.
모든 것을 다 누릴 수는 없다.

요즘은 많이 줄었지만 한때는 "왜 아이를 낳지 않나요?"라는 질문을 셀 수 없이 받았다. 받을 때마다 당혹스러운 질문이다. 언제나 "왜 아이를 낳으셨는데요?"라고 되묻고 싶었지만, 부질없는 질문이라는 걸 알기에 정말 물은 적은 없다. 우리 사회에서는 여전히 아이를 낳으면 '정상'이고, 그렇지 않으면 정상에서 벗어나는 것으로 여겨진다. 정상에 속하지 않으면 언제나 '왜?'라는 질문을 받는다. 관계의 깊이와 상관없이 자신에게 그렇게 물을 권리가 있다고 생각하는 사람이 참 많다.

대답 대신 반문하고 싶은 것은 그냥 삐딱한 마음 때문만은 아니다. 실제로 나는 아이를 낳지 않기로 결심했다기보다는 아이를 낳겠다는 결심을 하지 않은 쪽에 가깝다. 내 쪽에서는 가끔 사람들이 왜 아이를 낳기로 마음먹는지 진심으로 궁금하기도 하다. 아이를 낳겠다는 결정은 지금의 삶에 엄청난 변화를 일으키는 선택이다. 그러니 아무것도 선택하거나 결정하지 않는다면 아이를 낳지 않는 상태, 그러니까 이제껏 살던 대로 사는 쪽이 기본값이 아닐까.

결혼하고 30대 중반까지, 많은 사람들이 출산을 고려하는 시기에 내 주변에는 아이를 키우면서 행복하게 일하는 여성 동료나 선배가 한 명도 없었다. 남자가 압도적으로 많은 직종에서 내내 일한 탓에 그냥 주변에서 여성 자체를 보기가 어렵기도 했다. 가끔 엄마이면서 일하는 친구를 보기는 했지만, 욕심을 현실에 맞춰 줄인 것 같았다. "경력 단절만 안 돼도 다행이겠지"라던 친구의 쓸쓸한 얼굴에 가슴이 서늘해진 적도 있다. 그러니 늘 그냥 지금대로가 좋다고 생각했다.

아이를 낳아 기르는 삶

오히려 처음으로 '아이를 낳았더라도 좋았겠다'라는 생각이 들게 해준 사람은 내게 단 한 번도 그런 질문을 한 적이 없는 엄윤미 님이었다. 현재 벤처기부펀드 씨프로그램C Program 대표를 맡고 있는 그는 내가 40대가 되어서야 처음 만난, 아이를 키우며 일하는 여성 동료였다. 같은 회사 동료는 아니지만, 같은 건물에서 일하고 비슷한 분야(비즈니스의 사회적 가치를 다루는 업)에 종사하는 동갑내기인 터라 가장 가까운 동료 중 하나다. 내가 지금의 회사에 들어와 일을 하게 된 데에 가장 큰 영향을 미친 사람이기도 하다. 그는 경영 컨설팅 회사에서 경험을 쌓았고, 현재는 설립된 지 얼마 안 된 조직의 대표로서 '딱 한 마디로 설명하기 어려운 일'에 종사하고 있다는 점에서 내 커리어와 공통점이 많다.

그런 그가 딸과의 일상에 대해 담백하게 쓴 글을 SNS에서 접할 때마다 마음에 기분 좋은 파문이 일렁인다(물론 그의 글이 '아 행복해!'를 외치고 있는 것은 전혀 아니다. 어떤 글에서는 육아와 직장 일을 동시에 저글링하느라 두 배 세 배의 노곤함이 묻어나기도 한다). 실제로 그가 딸과 지내는 시간을 잠깐씩 목격할 때도 있다. 그의 집에 종종 놀러가기도 하고, 딸아이가 가끔 회사에 오기도 하기 때문이다. 두 사람을 통해 한 명의 어른과 그 어른에게 아직은 기대고 있지만 서서히 자신의 세계를 만들어가고 있는 한 명의 아이 사이의 상호작용을 본다. 생각해보면 성인이 된 후로 아이를 키우는 일이 어떤 것인지 가까이에서 지켜본 적이 단 한 번도 없었다. 그리고 이제야 그를 보면서 '30대 초반에 엄윤미 님 같은 선배나 친구가 옆에 있었다면, 나 역시 아이를 낳아 기르는 삶을 진지하게 고려해볼 수도 있었겠구나'라는 생각을 하게 되는 것이다.

"왜 아이를 낳지 않느냐"는 질문에 가장 정확한 답변은 "아이를 낳고 싶은 마음이 생기지 않기 때문"이지만, 아이를 낳아 기르는 삶을 나도 상상해본 적은 있다. 왜 아이를 안 낳느냐, 그래도 아이가 하나는 있어야 한다는 말을 수없이 들을 수밖에 없는 우리 사회에서 그런 상상을 해보지 않을 수야 있겠나. 그런데 힘들고 어려울 일만 또렷이 상상이 되었다. 지금 누리는 것 중 포기해야 하는 것은 쉽게 상상이 가는데, 아이 덕에 좋고 즐거울 것은 구체적이지가 않았다. 결국 아이를 기르는 삶에 대한 상상은 아이 대신 버려야 할 것의 목록으로 가득 찼다.

이제 와서 생각하면, 가까운 곳에 그런 예시가 별로 없었기 때문일 것이다. 나는 엄윤미 님에게 다른 사람에게는 쉽게 하지 못할 질문을 했다. 어떻게 아이를 낳겠다는 선택을 하게 되었냐고.

"생각해보면 20대에 즐거워 보이는 30대를 본 적이 없어요. 당시에 즐겨 읽던 글들 중에도 즐거운 삶을 보여주는 건 대부분 비혼 여성 작가의 글이었거든요. 그래서 20대에는 '일하고 애 키우는 건 너무 힘들 거야. 주위에 그런 사람도 없어'라고 생각했어요. 그런데 30대에 직장생활을 할 때 저와 비슷한 직급인 사람들의 절반이 여성이었어요. 그중에 저와 또래이면서 비슷한 시기에 엄마가 된 사람들이 꽤 있었는데, 그 영향을 많이 받았던 것 같아요. 사실 나와 너무 다른 환경에서 일하는 친구들은 별로 사례가 되지 못하잖아요. 당시 직장은 업무 강도가 엄청 셌는데도, 임신과 육아의 과정을 즐겁게 받아들이는 동료들이 많았어요. 임신해서 아이를 낳고 출산휴가를 떠났다가 돌아오는 과정을 바로 가까이에서 온전히 지켜본 것, 그리고 높은 직급이나 회사

경영진 중에 아이를 낳아 기르고 있는 여성분이 있었던 것도 큰 영향을 주었죠. 그분은 회사 복도에서 마주쳤을 때 아들 이야기를 참 많이 하셨거든요. 일터에서 여성이 아이 이야기를 하는 것은 프로답지 않다는 말을 듣곤 하는데요, 저렇게 엄마로서 아무렇지 않게 아들 이야기를 즐겁게 하면서도 클라이언트 앞에서는 프로다운 모습을 보일 수도 있다는 것, 엄마로서의 정체성과 프로페셔널로서의 정체성이 자연스럽게 양립할 수 있음을 실제로 본 거죠. 그래서 크게 고민하지 않고 결심할 수 있었어요. 실제로 출산하고 아이를 기르는 과정에서 그런 동료들의 존재가 큰 도움이 되기도 했어요. 심리적인 지지도 물론 있었고요."

물론 아이를 낳기로 결정했다고 해서 그 후의 과정이 순탄한 것은 아니다. 내가 통제할 수 없고, 중간에 그만둘 수도 없는 엄청난 과업이 삶의 일부가 된다는 것은 어떤 느낌일까? 이런 내 질문에 대한 그의 대답 역시 같은 맥락에 있었다.

"그때 역시 동료 집단과 롤모델의 존재가 많은 도움을 줬어요. 내 주변의 일하는 엄마들이 어떤 엄마들이었는지가 정말 중요하게 작용했어요. 그 사람들이 자기 시간 역시 소중하게 생각하고, 일을 하다가 잠깐 아이 유치원에 다녀오는 것을 당당하게 얘기하는 모습이 좋았어요. '나는 회사에서 프로페셔널한 모습만 보여야 해'라고 자신을 몰아붙이거나 '나는 아이에게 헌신적이어야 해'라고 스스로 강요하지 않는 사람들, 자신에게 적절한 기준을 만드는 사람들이 주위에 있어서 저도 좀 편하게 생각할 수 있었어요. 그전까지 사회적으로 성공한 여성들의 인터뷰를 읽어보면 '아이는 시어머니나 친정엄마가 다 키워주셨다'거나 아니면 '다른 사람의 열 배 스무 배 노력을 했다'는 식이었거든요. 둘 다 저에게는 감당하기 어려운 모델이었는데, 또래 동료들이 자신에게 맞는 방식으로 아이를 키우는 모습을 보면서 편안하게 받아들이게 되었어요.

육아와 일을 병행하다 보니까, 삶이 결국 다른 모양의 블록들을 그때그때 맞춰 쌓아가는 테트리스 게임 같아요. 매번 블록을 최고로 만들지 못할지는 모르지만, 다 쌓았을 때 스스로 만족할 수 있는 조합을 만들겠다는 생각이 들었어요. 예를 들면 회사생활에서는 6개월 일찍 승진하고 6개월 늦게 승진하는 게 엄청나게 큰일인 분위기였지만, 저는 80퍼센트 시간만 일하겠다고 회사에 요구하기도 했었거든요. 그게 가능한 회사였다는 것도 큰 행운이기는 했죠. 하지만 저로서는 빨리 승진해서 다음 단계로 올라가겠다는 마음을 내려놓는 결정이었어요. 그때 일에만 집중하며 성장하는 동료를 보면서 '저건 내가 내려놓은, 이제는 갈 수 없는 길이겠구나' 하고 생각한 것도 사실이에요. 하지만 모든 블록이 조합된 전체 그림을 봤을 때 나는 어떤 인생에 만족할까 하는 질문을 던졌고, 살아가면서 그런 질문을 염두에 두고 선택하게 되었어요."

무엇을 얻는 대신 무엇을 버릴 것인가. 모든 선택은 현실 안에서 자기 기준에 맞춰 나름의 최적화를 해나가는 과정이다. 원하는 모든 것을 다 가질 수는 없다. 좋아 보이는 것과 내가 원하는 것을 착각하기도 쉽다. 아이를 낳아 기르는 일이 아니더라도, 삶의 무수한 선택이 결국 자신의 우선순위에 맞춰 얻을 것과 버릴 것을 추려가는 과정이다. 모든 것을 다 누릴 수는 없다. 하나를 새롭게 시작하는 선택은 필연적으로, 의식하든 의식하지 못하든 다른 무언가를 버리게 만든다. 그리고 나이가 들어 좋은 점은 이제 제법 내 삶의 우선순위가 뚜렷해졌다는 것, 그래서 선택과 결정이 조금은 쉬워진다는 데 있다. 이제 내 삶에 대해, 내가 처한 현실에 대해 제법 많은 데이터가 쌓였기 때문일 것이다.

엄윤미 님도 자기 주머니의 크기가 어느 정도인지 깨닫고 그 주머니에 너무 많은 공을 집어넣지 않으려 노력한다고 했다. 아이를 초등학교에 보내고 자신은 나이가 들고 체력이 떨어지면서, 그리고 진짜 잘하고 싶은 일을 시작하게 되면서 '어쩐지 해야 할 것 같은 일'로 분류되는 공들을 과감히 버렸단다. 어떤 것들은 더 일찍 버렸어도 좋았을 거라는 생각도 했다고 한다. 그 말에 나도 깊이 공감했다. 무엇을 넣을지가 중요한 시기를 지나 이제 무엇을 버릴지가 중요한 나이로 접어들었기 때문인지도 모르겠다. 이 시기에 이런 이야기를 나눌 수 있는 친구가 옆에 있다는 것은 감사한 일이다.

정답은 없다

요즘 내 주변은 다양한 방식으로 자기 삶을 조직한 사람들로 채워져 있다. 엄윤미 님처럼 아이를 기르며 일하는 사람들도 전보다 훨씬 많다. 현재는 비혼으로 살지만 결혼의 선택지를 열어둔 사람도 있고, 아예 비혼을 결심한 사람도, 동성의 친구나 파트너와 함께 사는 사람도 있다. 아직 부모님과 함께 사는 사람도 있고, 혼자 살다가 다시 부모님 집으로 들어간 사람도 있다. 가족의 형태만 다양한 것은 아니다. 일하는 방식 또한 그렇다. 주 5일 정해진 시간에 출근하는 직장인도 물론 많지만, 유연근무제의 형태로 일하는 직장인도 있다. 프리랜서도 많고, 꼭 꼬집어 프리랜서라기보다는 프로젝트 형태의 조금씩 다른 일을 이어붙이며 독립적으로 활동하는 사람도 있다. 그리고 이런 다양한 방식의 일자리들 사이를 오가며 커리어를 만들어가는 사람도 있다. 자기 사업을 시작한 창업자도 무척 많다.

서로 다른 방식으로 살아가는 사람들과 시간을 많이 보낼수록, 그래서 그들의 일상이 어떻게 흐르는지 직접 볼수록, 내 삶에 대해서, 내가 내리는 선택에 대해서도 조금 편안해진다. 당연한 말이지만 '삶에 정답은 없다'는 것을 눈으로 확인하고 몸으로 알게 되는 것이다. 모든 삶에는 빠진 구석이 있고, 또 그 덕에 채워진 구석이 있다. 모든 삶에는 부러운 점이 있지만 나름의 어려운 점도 있다. 다들 자신에게 중요한 것을 붙들기 위해서는 무엇인가를 버리거나 견뎌야 한다. 내가 이 사실을 좀 더 일찍 알았다 해도, 크게 다른 삶을 살았을 것 같지는 않다. 결국 나라는 사람은, 모두가 그렇듯, 이런 식으로 생겨 먹어서, 다시 돌아간다고 해도 비슷한 결정을 내렸을 것이다. 그렇지만 그런 선택들에 그토록 조바심을 내지는 않았을 것이다. 지나온 시간에 조금쯤 애잔한 마음이 드는 이유다.

이야기를 고쳐 써야 할 때

계속 이야기를 고쳐 쓸 수만 있다면,
언제든 다시 시작할 수 있다.

나는 목숨을 위태롭게 한 질병을 두 번 겪었다. 서른아홉에는 심
장마비, 마흔에는 암이었다. 지금은 많이 회복된 상태다.[●]

아서 프랭크가 쓴 책《아픈 몸을 살다》는 이 세 문장으로 시작
한다. 서두에서, 그리고 제목에서 알 수 있듯이 이 책은 '아픈' '몸'
에 대한 이야기이고, 그 아픔을 몸으로 살아낸 당사자가 써내려
간 이야기다. 저자의 직업은 의료사회학자다. 그런 만큼 이 책은
관찰자로서 병과 회복을 다루던 직업인이 원하지도 예상하지도
않았던 방식으로 환자라는 자리에 내던져졌을 때, 그 경험을 어

● 아서 프랭크, 메이 옮김,《아픈 몸을 살다》, 봄날의책, 2017, 7쪽.

떻게 내적인 도약의 기회로 삼을 수 있는지 보여준다.

영어 원서의 제목은 '몸의 의지로At the Will of the Body'다. 내용과 연결해 얼핏 생각하면, 의지로 병을 극복한다는 말처럼 읽히지만, 핵심은 '몸'에 있다. 어느 날 갑자기 중한 병이 닥치면, 몸이 타자처럼 여겨지는 경험을 한다. 내 몸에서 벌어지고 있는 일이 나의 인식이나 의지 바깥에 있다는 실감이다. 이 책은 몸이 제한하는 나의 '정신' 또는 내 '마음'의 한계를, 그럼에도 여전히 남아 있는 선택지를 찾는 일을 이야기한다. 아픈 사람은 질병의 경험을 어떤 '이야기'로 말할지 선택할 수 있다. 의료사회학자인 저자가 겪는 내적 도약은 바로, 이야기의 편집권을 아픈 사람 자신에게 돌려주어야 한다는 깨달음에서 시작한다.

새로운 이야기가 필요한 사람

아서 프랭크는 자신의 또 다른 책《몸의 증언》에서 "삶의 지도와 목적지의 상실은 의학적 증상이 아니"•라고 말한다. 의학적인 의미에서가 아니라 서사적인 의미에서 보자면, 아픈 사람은 길을 잃은 사람, 다시 말해 그전에 알고 있던 도착지를 향해가는 것이 더는 불가능해진 사람이다. 그 도착지가 존재하지 않는 것을 알

• 아서 프랭크, 최은경 옮김,《몸의 증언》, 갈무리, 2013, 47쪽.

게 되었거나, 도착한다 해도 원하던 것을 얻을 수 없다는 것을 깨달았거나, 자신의 힘으로 결코 도착지에 가는 것이 불가능하다는 것을 발견했거나. 이유는 여럿일 수 있겠지만, 이제 가려던 길로 갈 수 없게 된 사람은 서사적인 의미에서 보자면 아픈 사람, 지금까지 살아오던 삶을 중단당한 사람이다. 그리고 그런 사람에게는 새로운 이야기가 필요하다. 그렇기에 아서 프랭크는 "질병은 이야기를 요청한다"라고 말한 것이 아닐까. 원하건 원하지 않건, 새로 이야기를 써야 하는 순간은 누구에게나 닥친다.《몸의 증언》에서 내게 가장 와닿았던 문장은 이것이었다.

우리는 우리의 경험을 기술하는 이야기를 누군가에게 할 필요가 있는데, 이는 이야기를 창조하는 과정이 우리의 남은 삶을 위한 이야기의 요지를 담을 기억의 구조를 창조하는 것이기도 하기 때문이다.[•]

이 알듯 말듯한 문장을 내 멋대로 고쳐 써보자면 이렇다.

우리는 우리의 경험을 하나의 이야기로서 누군가에게 말할 필요가 있는데, 이때의 이야기는 미래를 담는 그릇을 품고 있다. 우리가 말하는 과거의 이야기는 스스로 바라는 남은 삶의 방식

• 앞의 책, 136쪽.

을 지시한다.

이렇게 고쳐 쓰면서, 내가 왜 그토록 이야기에 매료되는지 알 것 같았다. 나는 지난 경험을 과거와는 조금 다른 방식으로 고쳐 쓰곤(혹은 말하곤) 한다. 이야기를 갱신하는 순간들은 다른 그릇에 미래를 담길 바라는 욕망이 떠오를 때(혹은 그러지 않을 수 없을 때) 다. 갱신된 이야기가 과거에 썼던 이야기를 배반하는 것은 아니다. 경험 속 재료들은 언제나 새로운 이야기로 조합될 수 있고, 과거에 썼던 이야기는 그 자체로 새로운 이야기의 재료가 된다. 이야기의 세계는 언제나 움직이고, 거기에서 의미 없는 것은 하나도 없다. 아직 우리가 그 의미를 발견하지 못한 것만이 있을 뿐.

2016년에 출간된 《나는 가해자의 엄마입니다》 역시 나는 과거의 이야기가 무효화되었으므로 새로운 이야기가 필요해진 사람의 고백으로 읽었다. 이 책은 1999년 컬럼바인고등학교에서 일어난 총기 난사 사건의 가해자 두 명 중 한 명의 어머니인 수 클리볼드가 쓴 책이다. 이 사건으로 13명이 죽고 24명이 부상했으며, 두 가해자는 사건 직후 현장에서 자살했다. 이 책은 제목 그대로 '가해자의 엄마'인 저자가 아들에게 무슨 일이 일어났는지 이해하려고 애쓴 16년간의 분투를 담고 있다.

안타깝게도 저자의 분투는 부분적으로만 성공을 거둘 뿐이다. 첫째는 어떤 노력으로도 고통으로부터 완전히 벗어날 수는 없기 때문이며, 둘째는 결코 그 사건이 일어난 원인을 전부 이해할 수는 없기 때문이다. 그럼에도 나는 이 책을 읽으면서 인간에 대한 희망을 볼 수 있었다. 수 클리볼드는 아들이 범죄자가 된 이유를 양육의 결함으로 돌리는 세상의 해석과 내적으로 싸우면서도, 피해자들의 아픔을 끊임없이 상기하고, 동시에 불완전하나마 스스로 납득할 수 있는 이해에 도달하려고 노력한다. 인간은 한 인간을, 그가 아무리 아들이라 해도 온전히 이해할 수 없다. 또한 어떤 노력으로도 과거를 없던 일로 되돌릴 수는 없다. 그러나 살아 있는 인간은 언제나 미래를 더 나은 것으로 만드는 선택을 할 힘이 있다.

책의 원제는 'A Mother's Reckoning', 직역하면 '한 어머니의 따져봄'이다. 어쩌면 이 책은 '가해자의 어머니'에서 '한 어머니'의 자리로 돌아가는 이야기이기도 하다. 남은 생애 내내 가해자의 어머니로 호명될 수밖에 없는 저자가 아들과의 시간을 곰곰이 되새겨봄으로써 자신을 그저 '한 어머니'로 다시 받아들이는 과정을 담고 있기 때문이다.

새로운 이야기가 필요하다는 의미에서 수 클리볼드 역시 아픈 사람이다. 전에 알던 도착지로 가는 것이 더는 가능하지 않게 된 사람, 새로운 삶의 지도가 필요해진 사람. 그는 자신의 과거를 처절하게 곱씹어 새로운 이야기를 씀으로써, 세상이 부여하는 서사가 아니라 자신이 직접 쓰는 서사를 선택했다. 그렇게 해서 가해자의 어머니에서 한 어머니의 자리로 돌아간다. 동시에 아들을 끔찍한 범죄자로서만이 아니라, 아팠던 자로, 그리하여 그 질병의 증상으로 자살에 이른 자로 다시 그린다(아들이 저지른 범죄를 미화하지 않고도 아들을 그렇게 다시 그린다는 데 이 책의 특별함이 있다). 그가 한 어머니로 돌아가고, 나아가 다른 어머니들을 도울 수 있게 된 것은 아들과 자신의 이야기를 다시 쓸 수 있었기 때문일 것이다.

이야기가 미래를 담는 그릇이 된다는 사실을 받아들이는 순간, 이야기하기는 삶의 태도를 선택하는 일이 된다. 우리는 다른 식으로가 아니라 그런 식으로 이야기함으로써, 다른 식으로가 아니라 그런 식으로 살기로 마음먹었음을 나도 모르게 고백한다.

누구나 살다 보면 한 번쯤은 몰랐던 현실과 직면하기도 하고, 과거와 다른 상황에 내던져지기도 하며, 미처 깨닫지 못했던 자신 안의 어떤 욕망을 발견하게 되지 않던가. 이런 순간 우리는 아픈 사람이 되기를, 그래서 새로운 이야기를 찾아 나서기를 받아들일 수밖에 없다. 과거에는 그럴 법했던 이야기가 더는 통하지 않는 그 순간, 우리에게는 새로운 이야기가 필요하다. 이왕이면 더 좋은 이야기가. 이야기를 계속 고쳐 쓸 수만 있다면, 언제든 다시 시작할 수 있다.

다른 미래를 상상하는 힘

시간이 흐른 뒤에 자신의 선택들과
선택의 결과들을 서사화하는 방식만이
한 사람이 할 수 있는 온전한 선택이며,
그게 곧 삶에 대한 태도일 것이다.

웹툰으로 연재되다가 단행본으로 출판된 《혼자를 기르는 법》에
는 '이시다'라는 혼자 사는 젊은 여성이 등장한다. 이시다는 첫째
딸에게 특별한 이름을 지어주고 싶었던 아버지가 붙여준 이름으
로, "훌륭한 분'이시다!' 귀한 몸'이시다!'" 같은 표현에서 따온 것
이다.

그러나 "넌 아버지처럼 무시당하고 살면 안 돼!"라는 소망이 담
긴 이 이름의 주인공이 맞닥뜨리는 현실은 '이시다' 님이 아닌 '시
다' 씨의 것이다. '시다' 씨는 인테리어 회사에서 온갖 잡일을 도
맡아 하는 막내 직원이다. 안동에서 자란 그녀는 부모님으로부터
독립해 서울에 방 한 칸을 얻어 홀로 살아가고 있다. 그런 이시다
에게 일상의 닻을 내릴 수 있는 유일한 대상은 '윤발이'라는 이름

의 햄스터다.

삶의 끝에 아무것도 남길 수 없을 거라는 불안한 예감을 체념으로 대체하면서 살아가는 듯한 이시다는 서울에서 비혼 직장인으로 살게 되기까지 어떤 삶의 경로를 걸었을까.《혼자를 기르는 법》이 보여주지 않는 이 경로를 입체적으로 상상할 수 있게 해주는 책이《IMF 키즈의 생애》다.

1997년 외환위기 당시 10대였던 1980년대생 일곱 명을, 마찬가지로 1980년대생인 저자 안은별이 인터뷰해서 엮은 책이다. 책 제목만 보면 일곱 명의 삶이 외환위기로 갑작스러운 추락을 겪었을 것이라 예상하기 쉽지만 그렇지는 않다. 인터뷰이 대부분은 외환위기의 여파로부터 비교적 안전한 직업을 가진 부모 밑에서 자랐다. 하지만 이들이 외환위기 이후 급변한 시대로부터도 안전했던 것은 결코 아니다.

아직 30대인 이들의 생애사는 자연스럽게 그들이 받은 교육과정을 중심으로 펼쳐지고, 이 교육의 서사는 직업의 서사와 인생의 서사로 직결된다. 이들과 이들의 부모는 교육을 도약이나 성공 혹은 탈출의 유일한 도구로 여기지만, 교육마저도 모두의 성취를 허락하지 않는 확률 싸움이다. IMF 키즈의 삶은 그 싸움을 뚫고 명문대에 들어간다 해도 기대했던 성공이나 안정이 반드시 따라오는 것은 아니라는 사실을, 암묵적으로든 명시적으로든 깨달아가는 과정이다. 이때 남은 선택지는 하루하루의 삶에서 지극히 개인적인 방식으로 '의미' 또는 '쾌락'을 찾으며 나름대로 미래에 대한 불안을 관리하는 것이다.

단 일곱 명의 삶, 그것도 주관적 편집에 의존한 기억으로 시대를 읽어내는 데에는 분명히 한계가 있을 것이다. 그럼에도 이들의 이야기를 읽고 나면, 1997년 이후의 한국 사회에 얼마나 많은 추락과 단절이 일어났는지 절감하게 된다. 개인들이 예상할 수 없었을 그런 단절은 IMF 키즈와 그 부모들이 내린 '나름대로 최선인' 선택을 실은 선택이 아닌 것으로 만들었다. 구조와 상황에 의해 제한된 선택지들 안에서 그 여파를 완전히 이해하지 못한 채로 내리는 선택이 결국 한 사람의 인생을 빚어낸다. 선택은 불완전하나마 선택이긴 하지만, 그런 선택들에서 드러나는 경향성조차 각 인물의 특성 때문만으로 결론짓기는 어렵다.

줄어든 선택지에도, 그 선택지 안에서 단기적 최적화를 가장 먼저 고려하게 되는 것에도 구조적 압력이 작동한다. 어쩌면 그 선택들이 지나고 한참 시간이 흐른 뒤에, 자신의 선택들과 선택의 결과들을 서사화하는 방식만이 한 사람이 할 수 있는 온전한 선택이며, 그게 곧 삶에 대한 태도일 것이다. 그리고 이 태도는 과거에 대한 기억뿐만 아니라 미래에 대한 개인의 상상력까지 결정짓는다.

인터뷰이 일곱 명 중 한 명인 김마리의 말로 책은 끝난다.

한 발 내딛을 때마다 다른 풍경으로 옮겨가지만 지금 이 자리는 제가 디뎌온 걸음으로 이루어진 것이라고. 시간이 흘러가고 또 축적된다는 의미를 처음으로 제대로 느낀 한 해였습니다. 미래를 그릴 때 현재를 그대로 연장하는 대신, 여지를 많이 두는 힘을 기르고 싶습니다.●

조금 다른 시간대, 전혀 다른 상황을 지나왔지만, 같은 시대를 살고 있는 내 마음과 하나도 다르지 않은 말이다. 현재의 경향을 그대로 연장해 미래를 예측하는 대신, 다른 미래를 만들어내는 가능성을 상상하는 데는 진실로 힘이 필요하다. 개인에게도, 사회에게도.

● 안은별, 《IMF 키즈의 생애》, 코난북스, 2017, 373쪽.

선언에서 시작된다

목표와 계획과 상상을 일단 말해야 한다.
거기에서부터 무엇이든 시작된다.

'사적인서점'을 꾸리고 있는 정지혜 대표와 처음 만났던 때를 뚜렷하게 기억한다. 당시 내가 속한 롤링다이스는 서울혁신파크에 책을 테마로 하는 공간과 프로그램을 기획 중이었고, 우리는 그 공간을 운영해줄 사람을 찾고 있었다. 출판사 편집자로 시작해 뒤이어 홍대 인근의 서점에서 일하다가 이제 자신의 서점을 만들 계획 중이라던 그는 첫눈에 보아도 밤톨같이 단단하고 반짝거리는 사람이었다.

그는 어려서부터 책을 좋아했고, 중학생 때부터 이미 자신은 책과 관계된 일을 할 것임을 '알았으며' 그 사실을 단 한 번도 의심해본 적이 없다고 했다. 밥을 먹고 커피를 마시면서 그에게 출판사에서 일하던 시절, 그리고 서점에서 일하던 시절의 이야기를 들을 수 있었다. 성취와 만족, 불안과 회의가 번갈아 등장했지만, 책에 대한 애정은 변하지 않는 배경 같았다. 나는 그게 부러웠고, 그 애정을 의심 없이 고백하는 그가 좋았다.

그는 책에 대한 변함없는 사랑을 품고 편집자로 또 서점 매니저로 꾸준히 일해왔고 이제야 비로소 자기 서점을 내기 위해 직장을 떠난 터였다. 그러나 그는 오히려 고민에 부딪혔다고 했다. 조금만 계산기를 두드려보아도 책을 팔아 서점을 운영하는 것이 생업으로서 녹록하지 않은 일이라는 것을 금방 알 수 있었기 때문이다. 더구나 그는 서점에서 몇 년째 매니저로 근무한 경험이 있었다. 서점을 내는 것은 그의 꿈이었지만, 낭만적인 상상으로 남겨두기에는 너무나 가까운 현실이기도 했다. 결국 그는 서점 차리는 일을 잠시 유보하고, 우리 사업에 합류해 1년가량 함께 일했다.

함께 일하는 동안에도 그는 책을 둘러싼 흥미로운 작업들을 따로 계속 해나갔다. 그 모든 작업이 언젠가 서점을 열기 위한 준비 작업인 셈이었다. 무엇보다 '아직' 서점을 차리지 않았지만 이미 서점 일을 하고 있는 것이라고 받아들이는 그의 태도에 감동을 받았다. 이렇게 말하는 게 옳겠다. 그 모든 작업은 서점 오픈을 위한 준비가 아니라 이미 서점을 오픈한 사람이 하고 있는 일과 별반 다르지 않았다.

어느 날 그는 '공기책방'이라는 말이 있다고, 눈을 반짝이며 말했다. 이 책방 이야기를 그는 매체의 기고문을 통해 소개하기도 했는데, 아래가 그 일부다.

공기책방이라 불리는 '이카분코(오징어문고)'가 그 주인공이다. 서점 주인이 되고 싶은데 장소와 책을 마련할 비용이 없었던 가스카와 유키 씨는 기타 없이 연주하는 시늉을 내는 '에어 기타'라는 표현에서 착안하여 공간도 없고 판매하는 책도 없는 공기책방을 만들었다. 유키 씨는 실제로 가게가 존재하는 것처럼 매일 트위터에서 "책방 문 열었습니다"라고 개점 인사를 하고, 프리페이퍼 '이카분코 신문'을 발행한다. 이카분코는 점점 유명해지면서 오프라인 서점의 의뢰로 서점 책장을 빌려 '이카분코 페어'를 개최하거나, 가게가 없다는 이점을 살려 잡지와 인터넷에 지점을 여는 등 다방면으로 활동을 확장해 나가고 있다.

공간을 마련하고 책을 입고해서 서점을 여는 것 외에 다른 방법은 없다고 생각했던 나에게 이카분코는 책과 사람을 연결하는 일에는 한 가지 방법만 있는 게 아님을 알려주었다. 용기를 얻은 나는 서점 수익구조의 해결책을 찾을 때까지 오픈 계획을 잠시 미루고, 비파크*에서 일하는 틈틈이 내가 할 수 있는 다양한 일을 시도해보기로 했다.**

* 정지혜 대표와 함께 서울혁신파크에서 꾸렸던 공간의 이름이다.
** 정지혜, "한계에서 벗어나는 자유", 〈채널예스〉, 2017년 10월 27일. http://ch.yes24.com/Article/View/34563

공기책방 이야기를 내게 즐겁게 해주고 얼마 안 가서였나, 혹은 그보다 조금 전이었을지도 모르겠다. 그는 자신을 '북 디렉터'라고 부르기 시작했다. 서점이나 출판사에서 근무하지 않지만, 다양한 방식으로 책을 다루는 일을 하는 자신에게 걸맞은 직업을 스스로 만든 것이다.

함께 일하기 시작한 지 딱 열 달쯤 되어갈 무렵 그는 결국 '사적인서점'을 차렸다. 사적인서점은 서점이지만, 보통의 서점과는 다르다. 누구나 문을 열고 들어가 진열된 책을 사는 곳이 아니라는 의미에서 그렇다. 사적인서점은 예약제로만 운영된다. 예약을 하고 찾아간 손님은 책을 골라 사는 대신, 자신의 이야기를 한다. 책방 주인인 정지혜 님은 손님의 이야기를 듣고 난 후, 그 손님에게 딱 맞을 것 같은 책을 처방해 보내준다. 손님은 책을 받기 전까지 자신에게 무슨 책이 올지 모른 채로 돈을 지불하는 것이다. 이런 식의 운영이 그가 고민하던 수익구조의 문제를 얼마나 해결해주었는지 나는 잘 알지 못한다. 그렇지만 그는 실험해볼 가치가 있는 나름의 해법을 생각해냈고, 그 해법을 2년 가까이 시도해오고 있다.

사적인서점이라는 현재는 정지혜 님이 자신을 '북 디렉터'라고 칭하기로 마음먹었을 때부터 시작되었다고도 볼 수 있다. 임대료 얼마인 공간에서라면 한 달에 몇 권은 팔아야 먹고살 수 있다는 불가피한 셈법과 책을 향한 자신의 셈 없는 애호를 타협시킬 방법을 찾겠다는 선언 같은 것이었다고 생각한다. "서점이 있어야만 책을 팔 수 있는 건 아니에요." "저를 북 디렉터라고 부르기로 했어요." 이 말을 하던 그의 얼굴을 떠올리면 내 기분까지 해사해지는 것 같다. 그 말을 듣는 순간, 그가 결국 뭔가 해낼 거라고 생각했다. 아니 실은 처음 만났던 날 이미 그런 생각을 했었다. 사적인 서점의 책 처방 모델을 언젠가 그만두게 되더라도, 그가 쓰는 북 디렉터로서의 이야기는 계속 이어질 것이라고 생각한다.

일단, 말하기

얼마 전 꿈에 모르는 여자가 등장했다. 서늘한 무표정의 얼굴에 흰 셔츠를 입은 그가 말했다. "최대한 말을 하지 않으려고 해. 세상에는 너무 말이 많고, 내가 새롭게 해야 할 말은 없어. 다 쓸데없는 말뿐이야." 꿈속에서 나는 그 말에 목소리를 높여가며 반박했다. "말하지 않고서는 알 수 없는 게 있는 거야. 심지어 자기 자신조차 말하기 전에는 자기 생각이 무엇인지 잘 모른다고. 말해야만 시작되는 일들이 있어."

꿈이 요즘의 내 심리를 너무 노골적으로 드러내고 있어서 눈을 뜨자마자 피식 웃음마저 나왔다. 너무 많은 말을 하고 다닌다는 생각에 마음이 무거워지던 터였다. 더구나 너무 많은 말이 미래를 가리키고 있어, 말을 잔뜩 쏟아낸 하루를 마무리하는 밤이면, 이 말들을 주워 담으며 살 생각에 뒷목이 묵직해지곤 했다.

아직 해내지 못한 일, 그러니까 앞으로의 계획에 대해 자꾸 말해야만 하는 상황에 부딪히게 된 것은 협동조합 롤링다이스를 시작하면서부터였다. 새로운 조직을 만들어 새로운 일을 하려면 사람들을 모아야 했다. 사람들을 모으려면 목표를, 계획을, 상상을 말해야 했다. 아직 해내지 못했지만 하고 싶은 일들에 대해 말하지 않고서는 아무것도 시작할 수 없다. 혼자 하는 일이 아니라면 더욱 그렇다. 사람들을 모은 뒤에는 밖으로 나가 우리와 우리의 계획을 또 설명해야 했다. 이북ebook을 출판하는 것이 처음 시작했던 사업인데, 책을 내려면 저자가 있어야 했고, 저자를 섭외하려면 롤링다이스를 소개해야 했다. 이제 막 시작하는 롤링다이스를 설명할 것이라고는, 롤링다이스가 어떤 목적으로 생겼으며, 어떤 원칙과 어떤 계획을 갖고 있는지가 전부였다.

그때 느꼈던 압박감을 새삼 다시 느끼고 있는 요즘이다. 새로운 일을 시작했고, 대표 자리를 맡아 책임이 크다. 일단 결과를 만들어놓고 결과가 대신 말하게 하고 싶다고 매일 생각하지만, 지금의 내게는 가능한 선택지가 아니다. 롤링다이스를 시작했던 그때처럼, 또다시 목표와 계획과 상상을 일단 말해야 한다. 거기에서부터 무엇이든 시작된다.

내가 정지혜 님 같은 사람을 보면 금세 사랑에 빠지고 마는 데는 다 이유가 있다. 나는 무슨 일을 하고야 말겠다는 단호한 애정을 드러내는 데 익숙하지 않은 사람이라서다. 내가 이 애정을 얼마큼 끌고 갈 수 있을지 먼저 걱정하고, 계속하지 못할지도 모를 일을 공언해도 좋을까 늘 망설인다. 그렇지만 그런 공언을 이미 너무나 많이 뱉어왔다는 것을 안다. 2010년에 회사를 그만두고, 내가 말하지 않는 한 어떤 일도 새롭게 시작되지 않게 되었을 때부터 그 망설임을 무릅쓰는 연습을 해왔다. 앞으로도 더 많이 공언하는 사람이 되고 싶다. 공언하는 만큼 시작할 수 있다. 공언을 고스란히 현실로 바꾸지는 못한다고 해도, 결국 거기에서 좋은 것이 출발한다.

스토리텔링의 힘

좋은 스토리텔링의 힘이 귀한 것은,
좋은 이야기는 어떤 열매를 맺을지 모를
씨앗 같은 것이기 때문이다.

나는 이제 기본소득청'소'년네트워크Basic Income Youth Network, BIYN
의 제법 오래된 후원회원이다. BIYN은 기본소득이 실현된 사회
를 만들려는 개인들의 네트워크로 2012년에 모임을 시작했다. 전
업 활동가가 한 명도 없는, 다시 말해 각자 다른 직업을 영위하는
n%의 활동가(일상의 일정 부분을 '활동'으로 채우지만, 자신의 직업 정
체성을 활동가로 규정하지 않는다는 의미에서)들로 구성된 BIYN은
2018년 4월 8일 리론칭relaunching 파티를 열었다. 단체라고는 하지
만 법적으로 등록되어 있지 않으며, 몇몇 운영위원과 좀 더 적극
적인 활동회원들의 자율적 의지만이 존속을 담보해줄 뿐이다. 이
때문에 BIYN은 이런 형태로 단체를 계속 유지할 수 있을지 고민
해왔고, 2017년 11월 롤링다이스와 함께 열었던 '거꾸로컨퍼런

스'도 그 고민의 과정에서 기획된 행사였다. 나에게 이 행사가 롤링다이스를 떠나기로 마침내 결심하는 자리였다면, BIYN에게는 할 수 있는 것들을 다시 한 번 해보자고 마음을 모으는 계기가 되었다고 했다. 그로부터 넉 달 후 열린 리론칭 파티는 BIYN의 새로운 시작을 알리는 자리였다.

BIYN은 이런 '느슨한' 구성뿐만 아니라 활동 방식도 독특한 단체다. 대개의 비영리조직 또는 시민단체가 정서적 기조에서나 활동 방법에서나 저항, 계몽, 지원 중 하나의 모습을 띠기 마련인데, BIYN은 이 중 어떤 것과도 딱 들어맞지 않는다. 아마 이 세 가지보다 BIYN에게 어울릴 법한 단어는 '스토리텔링'일 것이다. 스토리텔링은 뚜렷이 설계된 목적을 향하는 것이 아니라, 이야기 자체의 충실성에 초점을 맞추어 이루어지는 행위다. 리론칭 파티를 열면서 운영위원인 박유형 님이 공유한 글을 보면, 자신이 원하는 이야기를 스스로 하는 것이 그들 활동의 중심에 있음을 알아차릴 수 있다. 글의 일부를 아래 옮긴다.

사실 우리는 꽤 오랜 시간 어처구니없는 이야기를 하는 팀으로 여겨졌습니다. 최근처럼 기본소득이 현실적인 아이디어로 논의되기 전까지 말입니다. 그 와중에 BIYN이 호명되는 순간들은 청년의 이야기가 필요한 몇 안 되는 경우였고, 그마저도 사회에서 통용되는 '청년 서사'에 부합하길 요구받았지요. 그러나 우리는 처음부터 기특하거나 불쌍한 청년이 될 생각은 없었습니다. 기본소득을 지지하는 사람은 자신이 원하는 것이 무엇인지 아는 사람입니다. 그건 곧 자기 자신이 되는 가장 빠른 길이 무엇인지 안다는 뜻이기도 합니다. 그런 사람이 굳이 '기특'이나 '불쌍' 같은 우회로를 선택할 이유는 없지요. 물론 때때로 어느 자리에 나가서 나의 말은 아니지만 그 자리에 어울리는 말들을 하고 돌아온 날도 있었습니다. 그런 날은 꼭 자기 전에 후회했지요.

그런 시행착오를 여러 번 거치면서 BIYN 안에는 암묵적인 약속이 생겼습니다. 우리의 말이 무엇인지 파악하고 그게 아니라면 하지 말자. 처음엔 사회가 요구하는 청년의 서사를 이겨낼 수 있을지 반신반의했지만, 결국 깨달은 것은 기존 서사의 압력을 이겨내고 우리 이야기를 해야 한다는 점이었습니다. 왜냐면 우리에겐 이 이야기가 필요하고 중요하지만 대신해주는 이가 없었기 때문이지요. 그래서 우리는 기존의 운동에서는 약간씩 비껴서 서 있을 수밖에 없었고, 그것이 주는 득도 실도 있었습니다. 득이라면 우리 고유의 관점을 계속 형성하면서 그를 알아보는 사람들과 공명할 수 있었다는 점일 테고, 실이라면 역시 그 관점을 알아보는 사람이 적어서 인기가 없었다는 것이겠죠. 어쨌든 우리는 원하는 곳으로 곧장 가는 길을 택했습니다.•

나는 그들의 이야기에 공명한 그 소수 중의 하나였고, 이야기

• BIYN 리-런칭 파티 자료집. https://drive.google.com/file/d/1MgQszAq_xHlYzOeXSmghtu
X8aedY86GT/view

에 매료되어 그들 활동이 지닌 '운동'으로서의 효과성을 따져볼 생각도 없이 후원을 시작했다. 이야기를 좋아한다는 것은 이야기를 통해 상상한 화자를 좋아한다는 것과 대체로 같은 의미일 테고, 회원이 되어 관심을 조금씩 더 기울이게 되면서 BIYN의 울타리 안에서 움직이는 사람들 하나하나를 응원하게 되기도 했다. 이제 BIYN은 내게 실재하는 얼굴들로 떠오른다. 나는 그 얼굴들의 이야기를 계속 듣고 싶어 BIYN을 후원하고 있다.

스토리텔링은 그게 가상으로서든 실제로서든, 개인적일 수밖에 없다. 개인적인 이야기들은 정확한 맥락 안에서 전해질 때 힘을 갖게 되고, 그런 만큼 당장은 규모화되기 쉽지 않다. 따라서 운동 전략으로서 스토리텔링이 영리한 것은 아닐지 모르겠다. 그럼에도 좋은 스토리텔링의 힘이 귀한 것은, 좋은 이야기는 어떤 열매를 맺을지 모를 씨앗 같은 것이기 때문이다. 우리가 삶에서 돈으로 환산될 수 있는 효용만이 전부가 아니라고 믿듯이, 운동 역시 당장의 정치적 영향력으로 모든 가치가 환산될 수 있는 것은 아니다.

존속에 대한 고민의 결과로 탄생한 성평등 규약과 활동 계획을 발표한 BIYN의 리론칭 파티는 또 하나의 근사한 스토리텔링이었고, 그런 만큼 두터운 맥락을 전제한 이야기들이 오갔다. BIYN의 이야기에 공명해온 이들이 여기 모여 귀 기울여 듣고 있다는 믿음 덕분이었을 테다. 맥락을 공유하는 자리의 미덕은 서론을 생략하고 바로 본론으로 들어갈 수 있고, 따라서 깊이 내려가는 대화를 할 수 있다는 데 있다. 그리고 그 대화 덕에 우리는 더 많은 사람들 앞에 나아가 '나는'을 주어로 각자의 이야기를 시작할 힘을 얻는다.

3

단단한 몸에서
단단한 마음으로

믿는 것이 아니라 아는 것

나만 알고 있어도 충분한,
자기완결적 우주가 여기에 있다.

"이것만 있으면 충분하다 싶을 만큼 좋아하는 게 있어요?"

팟캐스트 '일상기술연구소'*에 함께 출연하던 '조수석'이 방송 중에 불쑥 물었다. 공적인 자리에서 스키 얘기를 하는 경우는 무척 드문데, 이런 질문을 받고 나니 피할 수가 없게 되어버렸다. 거짓말을 하지 않는 이상, 내가 얼마나 스키를 좋아하는지 고백하지 않을 도리가 없다. 의도치 않게 덕밍아웃을 했기 때문일까, 이후론 "저도 스키를 좋아해요" 하고 고백해오는 분들이 종종 있다. 예기치 않은 기쁨이다.

● 일상기술연구소는 롤링다이스에서 제작하고 내가 기획자이자 진행자로 참여했던 팟캐스트로, 2016년 5월부터 2017년 9월까지 업로드되었다. 방송의 일부는 동명의 책《일상기술연구소》로 출간되기도 했다.

스키에 대한 나의 애호는 대학교 1학년 겨울방학, 태어나 처음 스키를 신고 그다음 날 용감하게 중급자 슬로프로 올라간 그 순간부터 시작되었다. 하루 종일 초급 슬로프에서 연습한 후 그날의 마지막 런으로 중급 코스에 올라갔다. 스키를 신고 걷는 법부터 가르쳐준 야매 선생님은 "속도가 빨라지더라도 업다운 리듬만 놓치지 않으면 된다"라고 당부했다. 업-다아운. 이 리듬만 계속 유지하면 된다고. 처음 올라간 중급자 슬로프는 깎아지른 절벽처럼 느껴졌지만, 이왕 올라왔으니 내려가는 것밖엔 선택지가 없었다. 두려운 마음을 누르고 활주를 시작했다. 중급자 슬로프에서 느껴지는 속도감은 초급자 슬로프와 비교할 수 없을 정도였다. 머리가 하얘지는 듯했지만, 어차피 스키에 대해 아는 것도 별로 없었으니 딱 하나만 생각했다. 그래, 리듬을 놓치지 말자. 꼭대기부터 바닥까지 한 번도 쉬지 않고, 끊임없이 업-다아운의 리듬을 속으로 중얼거리며 첫 활주를 마쳤다.

너무 빠른 속도라 무서웠지만 참을 수 있는 정도였고, 리듬에 맞추어 S자를 그리면서 바닥까지 내려오는 데 성공했다. 혼자서, 누구의 도움도 없이, 슬로프의 속도에 맞추어서. 내 능력치를 간당간당 넘어갈 것 같았던 그 중급자 슬로프를 속도에 대한 두려움과 즐거움을 동시에 느끼며 내려온 그 순간, 내가 느낀 만족감을 지금도 뚜렷이 기억한다. 보는 사람도 없었고 칭찬해준 사람도 없었지만, 스스로 뿌듯했던 그 마음. 알아주는 사람이 없어도 단번에 알아차릴 수 있는, 온전하고 뚜렷한 나의 성취.

그날로부터 20년 넘게 나는 스키 타는 사람으로 살고 있다. 겨울방학이면 새벽에 출발하는 버스를 타고 혼자 하루 종일 스키를 타다가 저녁 버스를 타고 집으로 돌아오는 날이 많았다. 대학원에 진학하기 직전의 겨울에는 유스호스텔 벙커베드에 짐을 풀어놓고 일주일 동안 혼자 스키를 타기도 했다. 첫 직장에 다닐 때는 한 달 동안 휴직을 하고 대관령에 내려가 스키를 탔다. 이직할 계획 없이 세 번째 직장을 그만둔 후 맞은 첫 여름에는 뉴질랜드에서 석 달 동안 낮에는 스키를 타고 밤에는 번역 일을 했다.

언제나 스키를 타는 게 좋기만 했느냐고 물으면 꼭 그런 것은 아니다. 스키는 괴로운 운동이다. 딱딱한 부츠에 발을 밀어넣는 일부터가 아직도 괴롭다. 더구나 나는 추위를 많이 타는 사람이었다(지금은 그렇지 않게 되었지만). 아무리 연습을 해도 늘지 않는 것 같아 좌절할 때도 있었고, 대체 이걸 왜 이렇게 열심히 하는 건지 스스로도 이해할 수 없을 때가 많았다(지금도 자주 그렇다). 어이없는 실수로 다리가 부러진 날에는 속이 상해 울기도 했다. 내가 뭐하는 짓이지, 싶었던 순간이 셀 수 없이 많다. 그런데 결국 총합을 따지고 보면 스키 타는 게 대체로 이유 없이 좋았고, 점점 잘 타고 싶었다. 지금도 그렇다.

애호의 우주

스키만큼 나에게 무의미하기 짝이 없는 일도 없다. 학교를 졸업하고 직장을 세 번 바꾸고, 이에 더해 경계 짓기 어려운 각양각색의 일들을 하는 동안, 스키를 업으로 삼지 않은 사람치고는 정말 많이, 그리고 꾸준히 스키를 탔다. 돌이켜 보면 20년 넘게 꾸준히 하고 있는 일은 내 인생에 스키밖에 없는 것 같다. 수준급의 코치들에게 스키를 배우기도 했다. 휴가 일수와 여행 예산을 탈탈 털어 여름에는 남반구로, 봄에는 겨울이 긴 곳으로 가서 스키를 탔다. 그럼에도 내 실력은 중학교 1학년 선수 수준쯤이나 될까. 앞으로 아무리 더 열심히 탄다 해도 고등학생 수준이 되는 일은 결코 벌어지지 않을 것이다. 세상에는 스키를 잘 타는 사람이 엄청 많고, 내가 스키를 더 잘 탄다고 해서 세상의 스키가 발전하는 것도 아니다. 스키를 잘 탄다고 나에게 돌아오는 보상도 없다. 오히려 엄청난 시간과 돈만 쓰고 있을 뿐이다.

그렇지만 나는 내가 갈 수 있는 데까지 가보고 싶다. 매일 스키를 탈수록, 어제보다는 몰라도 작년보다는 오늘 스키를 더 잘 타게 되었다고 느낀다. 실은 꼭 그렇지 않아도 괜찮다. 매일 아침 슬로프의 첫 런에서 부족한 점을 발견하고, 그날의 마지막 런까지 조금씩 고쳐나간다. 산은 아름답고, 공기는 맑다. 나만 알고 있어도 충분한, 자기완결적 우주가 여기에 있다.

2017년 크리스마스에 다큐멘터리 영화 〈시모어에 대한 소개

Seymore: An Introduction〉(국내에는 〈피아니스트 세이모어의 뉴욕 소네트〉라는 제목으로 소개되었다)를 보았다. 영화에는 시모어가 공연 때 연주할 피아노를 고르는 장면이 길게 나온다. 첫 번째 피아노를 몇 번 두드려보더니 고개를 젓는다. 두 번째 피아노 앞에서도 그렇게 한다. 그리고 세 번째가 되어서야 그의 얼굴에 웃음이 번진다. "그래, 이거야. 이건 내가 만난 피아노 중에 최고예요"라면서. 이 장면에서 나는 피식 웃고 말았는데, 당연히 내 귀에는 세 피아노 소리가 똑같이 들렸기 때문이다. 그렇지만 시모어가 거짓말을 하고 있다고 생각하지는 않았다. 그에게는 분명히 세 개의 소리가 완전히 다를 것이기 때문이다. 나는 애호하는 사람들에게만 열리는 겹겹의 우주가 있다는 걸 '안다.' 믿는 것이 아니라 안다. 그리고 나의 그 우주 안에서 깊은 안정감을 느낀다.

춥고 건조한 날씨가 계속되던 어떤 날, 그 덕에 바삭바삭한 질감의 눈이 두텁게 슬로프에 다져진 날, 해가 밝게 떠올라 저 멀리까지 쨍한 풍경이 펼쳐지는 날, 신기하게 스키가 잘 밟히고 평소보다 조금 빨라도 두려움이 느껴지지 않는 날, 사람 없는 슬로프를 가르며 아침의 첫 활주를 마치고 바닥에 내려왔을 때 '충분하다'라는 말이 내 마음에 떠오른다. 오늘 스키는 이것으로 충분하고, 내 삶은 이런 즐거움이 있다는 것만으로 충분하다. 세상 쓸모없(어도 되)는 이 일 때문에 나에게 부과되는 모든 쓸모 있(어야 하)는 일들의 무게가 별것 아니게 느껴지는 순간. 내 일상 속에서 내가 가장 사랑하는 순간이다.

내 발밑의 성취감

좋은 선생님의 코칭은 큰 도움이 된다.
그러나 내가 훈련을 통해 누리는 기쁨 그 자체에
누군가의 승인이 필요하지는 않다.

올해도 3월에 캐나다에 있는 휘슬러 스키장에 다녀왔다. 이번에
는 2주 동안 머무르는 일정이었다. 휘슬러는 이번이 여섯 번째 방
문이었다. 첫 방문은 2001년 2월 신혼여행 때였다. 휘슬러는 북
미 최고의 스키장이고, 유럽까지 통틀어도 다섯 손가락에 꼽히는
스키장이다. 남들보다 조금 일찍 결혼한 데는 여러 이유가 있겠
지만, 빨리 휘슬러에 가보고 싶었던 것도 그중 하나였다. 꼭 결혼
을 해야 갈 수 있는 곳이냐고 묻는다면 그런 건 아니지만, 그 정도
거리에 그 정도 돈을 들여 스키 타러 가는 일은, 그때의 상상력으
로는 신혼여행쯤은 되어야 가능할 것 같았다(결혼은 당연히 겨울에
해야 했다).

　그때나 지금이나 남편은 내 최고의 스킹메이트다. 나는 가끔

우리 사이가 좋은 것은 절반쯤 스키 덕이라고 농담 같은 진담을 한다. 스키를 타기 시작한 이래 내 일상에서(아마 그의 일상에서도) 가장 짜릿한 순간은 스키를 탈 때 찾아오고, 그럴 때 내 옆에 있는 사람은 언제나 남편이기 때문이다. 나의 뇌가 이 짜릿함이 스키 덕인지 남편 덕인지 헷갈려 할 게 분명하다는 게 나의 주장이다. 그에게도 마찬가지일 테고, 나는 그 사실에 아무런 불만이 없다.

두 번째 휘슬러 여행은 결혼한 지 5년째 되는 해였고, 세 번째는 10년째 되는 해였다. 전혀 의도했던 바가 아니지만, 이쯤 되니까 5년마다 한 번은 가야 할 것 같은 기분이 들었다. 그래서 15년째 되는 해에도 갔고, 그다음부터는 매년 3월의 연례행사가 되었다. 신혼여행쯤 되어야 가능할 것 같았던 휘슬러 여행을 매년 할 수 있게 되었다니, 아직도 감개가 무량할 따름이다. 3년 전부터 휘슬러 여행이 연례행사가 되면서는 체류 기간도 길어졌다. 그전에는 기껏해야 일주일을 꽉 채워 머물렀을 뿐인데, 3년 전에는 2주, 작년에는 3주, 그리고 올해에는 다시 2주를 그곳에서 보냈다. 이렇게 기간을 늘려 머물 수 있게 된 것은 직장에 소속되지 않은 채 일하기 시작하면서부터였다. 더구나 회사 눈치를 보며 휴가를 내지 않아도 되니 일찍부터 저렴한 환불 불가 상품을 예약할 수 있었다.

다시 직장인이 되면서 "1년에 2주 휘슬러에 갈 수만 있다면, 다른 자유는 포기할 수 있어"라고 생각했다. 그러니까 휘슬러 2주는 내게 포기할 수 없는 최저선의 자유였다고나 할까. 지난여름에

평소처럼 환불 불가 상품을 예약해놓고, 6개월 동안 틈만 나면 회사 사람들에게 얘기를 했다. 나는 3월이 되면 휘슬러에 2주 동안가 있을 거예요. 스키는 나에게 정말 중요해요. 그냥 휴가가 아니에요. 훈련하러 가는 거예요.

더 자유로워졌다는 느낌

"훈련하러 가는 거예요." 농담처럼 들릴지 모르지만 진담이다. 훈련은 매일 공을 들임으로써 조금씩 더 잘하게 되는 것을 느끼고, 그 느낌을 바탕으로 좋은 스킹을 자신만의 언어로 규정해 나가는 과정이다.

여기서 '점점 더 잘하게 된다'는 것을 어떻게 정의하느냐가 중요하다. 그것은 전적으로 나의 느낌에 달려 있다. 내가 매일 스키를 타면서 기문을 꽂아놓고 기록을 재거나, 어떻게 스키를 탔는지 촬영해서 자세를 점검해볼 수는 없기 때문이다(말인즉슨 매일은 아니지만 가끔은 이런 일을 한다는 뜻이다). 그럼에도 나는 이번의 활주가 바로 지난번 활주보다 나았는지 아닌지 느낄 수 있다. 오늘의 활주를 어제의 활주에 견주어도 마찬가지로 느낄 수 있다. 스킹이 더 나아졌다는 느낌은 더 자유로워졌다는 느낌에 가깝다. 컨디션이 더 나쁜 슬로프에서도, 더 빠른 속도에서도 편안하게 두 스키를 내 발 밑에서 컨트롤하고 있다면, 그게 더 나은 스킹이다. 그리고 그걸 아는 데 나 말고 다른 사람이 필요하지는 않다.

물론 그렇게 되기까지 많은 훈련이 필요했고, 지금도 여전히 좋은 선생님의 코칭은 큰 도움이 된다. 아마도 세상의 다른 모든 일이 그러하듯이. 그러나 내가 훈련을 통해 누리는 기쁨 그 자체에 누군가의 승인이 필요하지는 않다. 내 머릿속에 좋은 스킹, 좋은 턴의 모델을 점점 더 정교하게 만들고, 그걸 내 몸이 수행할 때 느끼는 충만감이 내 삶의 무게중심이 되어준다. 이번의 활주에는 그 모델 중 어떤 요소를 빠뜨렸는지 찾고, 다음의 활주에 그 요소를 다시 채워 넣는다. 이것을 반복해가는 과정에서 나는 눈 위에서 더 자유로워진다. 이 과정에서 느끼는 만족감이야말로 그 어떤 객관적 성취보다 단단한 지반이다.

이것만으로 충분하다는 마음

굳이 휘슬러까지 가서 스키를 타는 것은 물론 3월에도 좋은 눈에서 스키를 탈 수 있기 때문이지만, 더 중요한 이유는 제대로 훈련을 할 수 있기 때문이다. 일주일 이상을 매일, 우리나라에서는 볼 수 없는 넓디넓은 스키장의 다양한 슬로프에서 오래 스키를 타면, 하루하루 새롭게 익히는 감각의 폭이 한국에서보다 훨씬 크다. 그렇게 보름쯤 지나면 하루하루의 성장이 쌓여, 나는 첫날과 완전히 다른 사람이 되어 있다는 느낌을 받는다. 기다란 스키의 날이 설면을 날카롭게 베고 지나갈 때, 마치 스키는 내 발의 일부처럼 느껴진다. 보름 전에는 존재하는 줄 몰랐던 미지의 감각이 이제 내 것이 되어 있다.

착각일지 모르겠지만, 스키를 더 잘 타게 될 때, 나는 좀 더 좋은 사람이 되는 것 같다. 거대한 산의 눈곱만 한 일부가 되어 스키 위의 자유를 누리는 만큼, 다른 모든 일이 결국은 별것 아니라는 마음이 된다. 좀 더 너그러운 마음이 되고, 작은 일에도 흥이 난다. 피아니스트 시모어에게 피아노와 삶이 연결되어 있듯이, 내게는 스키와 삶이 연결되어 있다. 시모어는 좋은 삶을 통해 좋은 피아노로 가는 것이 더 쉽고, 동시에 좋은 피아노가 좋은 삶으로 가는 통로가 되지 못하면 무슨 소용이 있겠느냐고 말한다.

좋은 삶이 무엇인지 말하기는 어렵지만, 스키가 잘될 때, 스키가 내게 마지막 비빌 언덕 같다는 생각이 드는 것만은 사실이다. 이것만으로 좋으니 더 많은 것이 필요하지 않다는 생각, 다른 모든 일이 잘 안 풀리더라도 괜찮을 것 같은 생각. 잠깐이나마 그런 넉넉한 마음이 되는 것이다. 그렇게 넉넉한 마음이 들 때의 나를 나는 좋아한다.

몸을 다지다

자기 몸에 대한 믿음이 생기는 만큼,
다른 일에 대해서도
단단한 코어 근육이 생긴다.

무라카미 하루키는 내게 애증의 작가다. 하루키의 책을《1Q84》
까지는 전부 읽었으며(어찌된 일인지 그 이후로 하루키의 책을 읽고
싶은 마음이 사라졌다), 대체로 읽기 시작하면 손에서 놓지 못하지
만 다 읽고 나면 그냥 좋았다고 하기에는 뭔가 찜찜한 뒷맛이 남
는다. 그 찜찜함이 어디서 기인하는지가 오늘 하고 싶은 이야기
는 아니다. 복잡 미묘한 찜찜함에도 불구하고 하루키의 책을 대
체로 좋아하는 이유 중 하나는 그의 글 곳곳에서 풍겨나는 달리
는 사람, 즉 몸을 쓰는 사람으로서의 감각이다. 사회학자 리처드
세넷이 무엇에 대해 쓰든지 첼로 연주자로서의 경험을 여기저기
흘리는 것과 비슷하다고 할까. 세넷의 글을 읽을 때도 첼로 연주
의 비유가 등장하기 시작하면 나도 모르게 피식 웃게 된다. 무엇

이든 첼로 연주에 견주어 생각하는 그를 나는 좋아한다. 악기를 연주하는 것이 몸을 써 운동하는 것과 다르지 않다는 사실을 그의 책을 통해 알았다.

긴 글을 도통 집중해 읽을 수 없는 시기가 있다. 머릿속에 흐르는 생각 자체가 끝 모를 긴 글 같은 때가 그렇다. 이런 난독증을 떨치는 데 적당한 책이 없을까 하며 서가를 훑다가 하루키의 《달리기를 말할 때 내가 하고 싶은 이야기》를 꺼내어 뒤적였고 어느새 빠져들었다. 10년 전쯤 내가 운동에 가장 열중하던 때 읽었던 책이다. 그때도 즐겁게 읽었지만, 이 책을 썼던 시절 하루키의 나이에 얼추 가까워지는 시점에 다시 읽으니 새롭게 환기되는 지점이 많다. 나이가 든다는 건 이런 건가 머리로 헤아리며 읽었던 구절들이 이제야 콕콕 마음에 박힌다. 이를테면 이런 구절이다.

나는 물론 대단한 마라톤 주자는 아니다. 주자로서는 극히 평범한—오히려 그저 평범한 주자라고 할 만한—그런 수준이다. 그러나 그건 전혀 중요한 문제가 아니다. 어제의 자신이 지닌 약점을 조금이라도 극복해가는 것, 그것이 더 중요한 것이다. (……) 그러나 40대도 중반을 넘어선 이후부터 그러한 자기 검증 시스템이 조금씩 변화를 보이기 시작했다. 간단하게 말하면, 레이스의 기록이 향상되지 않게 되었다. 나이를 생각하면 이것은 어쩔 수 없는 일이기도 하다. (……) 전과 같이 연습을 해도 3시간 40분대로 달리는 것이 점점 힘들게 되었고, 1킬로미터에 5분 30초의 페이스가 되었고, 그리고 마침내는 4시간대의 아슬아슬한 선에 가까워졌다. 그건 약간 충격적으로 받아들여졌다. 도대체 어떻게 된 것일까? 나이 탓이라고 생각하고 싶지 않았다. 나 자신이 육체적으로 쇠퇴해가고 있다는 것을 일상생활에서는 아직 전혀 실감할 수 없었기 때문이다. 그러나 아무리 부정하려고 해도, 무시하려고 해도, 숫자는 한 발 한 발 후퇴하고 있었다.[*]

진지하게 운동을 하다 보면, 일상 속에서 감지하는 것보다 빠르게 내 신체가 정점을 지났다는 사실을 감지하게 된다. 하루키의 말대로, 일상적인 활동에서는 전혀 변화를 느끼지 못하는데도 그렇다. 점점 나은 몸(보기 좋은 몸이 아니라 기능이 좋은 몸)을 만들기 위해 운동한다는 생각에서 이 상태라도 오래 유지하고자 운동한다는 생각으로 넘어가야만 하는 시기가 찾아오는 것이다.

이렇게 생각을 옮기지 못하면 더는 진지하게 운동을 하기 어렵다. 이렇게 생각을 이행시키는 것은 조금 쓸쓸한 일이지만 미리 맞는 예방주사 같은 것이다. 다른 모든 활동에서는 아직 전성기처럼 보이고 모두가 그렇게 말해주니 곧 닥쳐올 하강의 국면을 알아채기 어렵다. 운동을 하면서 몸에만 오롯이 집중하는 동안, 나는 몸이 전과 같을 수 없다는 사실을 '느끼고', 그래도 할 수 있

---

[*] 무라카미 하루키, 임홍빈 옮김, 《달리기를 말할 때 내가 하고 싶은 이야기》, 문학사상, 2009, 27~29쪽.

는 한 계속 하는 것에 새로운 의미를 부여하려고 애쓴다.

그런 하강이 존재하지 않는 양 이를 악물고 전처럼 하려고 애쓰다가는 부상을 당하고 몇 달을 꼼짝없이 쉬어야 할 것이다. 그럴 때 어떤 자책감에 빠질지 잘 안다(물론 내가 그런 일을 이미 여러 차례 저질러봤기 때문에 안다). 삶의 다른 많은 일에 대해서도 머지않아 비슷한 상황이 닥칠 것임을 새긴다. 나의 '할 수 있는 만큼'이 매일 달라진다는 것이 기뻤던 시기에서 쓸쓸한 시기로 넘어가고 있다는 것을 몸으로 자각하는 것이다.

나만이 아는 기쁨

그런데 동시에 이러한 이행이 나쁘기만 한 건 아니라는 희망 역시 몸을 통해서 얻는다. 아이러니하게도 몸의 능력이 점점 좋아지는 것은 아니겠지만, 운동이 는다는 느낌은 여전히 가능하다. 사람의 감각이 완벽하게 객관적이거나 총체적이지는 않아서, 어떤 구체적인 부위, 구체적인 동작에 집중해보면 어제는 몰랐던 새로운 것을 알게 되기도 하고, 특정한 동작은 어제보다 더 잘할 수 있다고 느끼기도 한다.

특히 과거에는 팔팔한 체력 덕에 의식하지 않고도 자동으로 처리할 수 있었던 동작에 좀 더 주의를 기울이게 되고, 그러다 보면 예전에는 지나쳤을 근육의 움직임을 인지하게 된다. 거기에는 그 자체로서의 즐거움이 있다. 혼자서 고요히 누리는 기쁨이다.

비약일지 모르겠지만, 아마 다른 많은 일도 그러할 것이라고 마음의 준비를 한다. 분명히 나의 다른 능력들도 어떤 것은 이미 정점을 찍었거나 또 어떤 것은 곧 그렇게 될 것이다. 내 능력의 총합이 계속해서 커지기는 어려울 것이다.

지금도 크고 작은 정보를 금세 까먹는다. 머리도 전처럼 쌩쌩 돌아가지 않고, 고유명사가 떠오르지 않아 말문이 막힐 때도 점점 잦아진다. 능력의 총합이 서서히 줄어들 것이라고 미리 마음의 준비를 한다. 그런 줄도 모르고 그저 지난 이력이 쌓아준 자원과 관계에 의존해 자리만 붙들고 있는 사람은 되지 말아야지 결심한다. 그렇지만 그게 일을 더 이상 할 수 없게 될 것이라거나 일이 전처럼 재미있지 않을 것이라는 의미는 아니다.

운동을 할 때와 마찬가지로 능력의 총합과는 상관없이 매일매일 새롭게 얻게 되는 앎이, 전에는 몰랐던 기쁨이 또 있을 것이다. 하루에 두 개를 잃고 한 개를 얻는 식이 되더라도, 새로이 얻는 하나가 여전히 있다면 충분히 계속해 나갈 이유가 있다.

운동으로 얻는 새로운 렌즈

몸을 진지하게 단련해보면, 모든 종류의 단련이 그렇겠지만, 존재하는 줄 몰랐던 하나의 세계가 열린다. 세계를 다르게 바라보게 하는 또 다른 렌즈를 획득하게 된다고 할까? 내가 몸의 기능에 주의를 기울이고, 운동을 진지하게 시작하게 된 것은 모두 스키 덕분이다. 어쩌다 스키를 처음 타게 되었고, 스키 타는 것을 좋아하게 되었고, 정말 스키를 잘 타고 싶어졌다.

당연한 이야기이지만, 스키는 몸으로 하는 스포츠이고, 스키를 잘 타려면 스키만 타는 것으로 충분하지 않다. 더구나 스키는 겨울 스포츠이므로 봄부터 가을까지(이른바 '비시즌' 동안)는 지상 훈련을 해야 한다. 체력을 키우고 하체와 코어 근육을 강화하고 균형감각을 높이는 운동이 다 도움이 된다. 스키 덕에 나는 몸을 단련하는 운동에 진입했고, 그 이후로는 꼭 스키 때문이 아니더라도 꾸준히 운동을 해왔다. 물론 일이 바쁘다는 핑계로 운동에 소홀해지는 시기도 있지만, 결국은 다시 운동으로 돌아가곤 한다. 일정 기간 이상 몸을 단련해보면, 몸의 컨디션을 민감하게 알아차리게 된다. 심폐지구력이 떨어진다거나 근력이나 유연성이 줄어드는 것을 지각하면, 어쨌든 다시 운동으로 돌아가게 된다.

운동을 하면서 획득한 새로운 렌즈는 내 몸을 이루는 근육과 뼈의 물리적 존재에 대한 감각이다. 구체적으로 말해보자면, 발목과 무릎과 고관절, 손목과 팔꿈치와 어깨와 견갑골을 느끼면서 움직이는 것, 광배근과 승모근을 분할해 움직이는 것, 햄스트링을 쓰는 동작과 둔근을 쓰는 동작을 구분할 수 있는 것 등이다. 몸의 특정한 부위를 움직이는 감각, 그 부위가 다른 어떤 부위와 연결되어 있는지를 인지하면서 몸에 대한 인식도 바뀌었다. 그 덕에 한국 사회를 사는 여성으로서 어쩔 수 없이 느껴오던 '보기 좋은 몸'에 대한 강박에서 제법 자유롭게 되었다. 물론 완벽히 자유롭다고 말할 수는 없겠지만, 남들이 예쁘다고 해주는 몸보다 기능이 좋은 몸이 훨씬 탐난다.

'올바른 턴'이 입력되는 과정

사람마다 운동을 배우는 방법이 다르겠지만, 나는 동작을 이루는 요소들을 결합해 머릿속에 하나의 像을 만들어야만 동작을 익힐 수 있는 사람이다. 운동신경이 뛰어나지 않아 그런지도 모르겠다. 특히 스키의 경우 딱딱한 부츠에 매달린 기다란 스키 플레이트로 설면에 호를 그리며 경사면을 내려가려면 신체 여러 부위의 움직임을 타이밍에 맞추어 조합해야 한다. 이 조합을 머릿속으로 그릴 수 있어야, 다시 말해 올바른 턴turn에 대한 상을 갖고 있어야 제대로 된 훈련이 이루어진다. 그 상을 이루는 개별적 요소들을 머릿속에서 그릴 수 있어야 하지만, 실제 스킹에서 모든 동작 단위를 매번 머리로 계산하며 수행할 수는 없다. 훈련은 동작의 여러 단위들을 묶음으로 인식하고, 하나의 방아쇠만 당기면 그 묶음이 자동으로 수행되도록 익히는 과정이다. 처음에는 생각해야 할 묶음이 스무 개였다가, 열 개였다가, 다섯 개가 되고 세 개가 된다. 세 개의 방아쇠만 머릿속에서 당기면 훨씬 많은 수의 동작을 신체부위 각각이 일사불란하게 수행하게 만드는 것이다. 아마도 계속해서 나아가다 보면, 전체가 단 하나의 묶음으로 인지될 것이고, 그때쯤이면 생각이라는 것이 필요 없어질지도 모른다. 물론 나는 도달할 수 없는 경지일 것이다. 내 수준에서는 머리로 이해하고 동작의 단위들을 감각하고, 몸이 그 과정을 자동으로 수행하도록 훈련하는, 몸과 머리 사이를 오가는 이 반복 훈련의 과정이 즐겁다. 그리고 이제는 이런 식의 훈련이 다른 일에도 적용된다는 걸 안다. 거절하기, 회의를 잘 진행하기, 발표 잘하기, 좋은 판단을 하기 등등. 운동이나 악기 연주뿐만이 아니라 모든 게, 결국 몸이 하는 일이기 때문이다. 자기 몸에 대한 믿음이 생기는 만큼, 다른 일에 대해서도 단단한 코어 근육이 생기는 것 같다.

어떤 날은 유난히 스키가 잘되기도 한다. 어제까지는 영 갈피를 못 잡았던 어떤 동작이 갑자기 몸에 쑥 들어오는 날이 있다. 그런 날 느끼는 짜릿함은 말로 설명할 길이 없다. 그러나 짜릿함만큼이나 조바심이 든다. 오늘 새롭게 몸에 들어온 그 동작의 감각을 잘 기억해두려고 노력한다. 내일도 그 동작을 재현하기 위해 최대한 몸의 부분 부분에 신경을 쓰고 그 감각을 의식에 각인시키려고 애쓴다. 하지만 역시 어쩔 수 없다. 다음 날에는 무조건 실망이 따른다. 분명히 그 동작을 세세히 기억에 입력했다고 생각하지만, 결코 완벽하게 재생되지 않는다. 오히려 그전보다도 스키가 잘 안 되기도 한다. 모든 것을 다 까먹고 머릿속은 뒤죽박죽이된다.

이런 환희와 실망의 주기를 수없이 반복한 뒤에야 깨달은 사실이 있다. 어떤 날 갑작스럽게 생겨나는 새로운 능력은 그날따라 나도 모르게 수행한 다른 기본기들 덕에 가능했다는 것이다. 하나의 새로운 동작은 다른 수많은 동작을 딛고 이루어진다. 새로운 무엇이 갑작스럽게 되었다면, 여태껏 훈련했던 많은 것들이 나도 모르게 몸에 배어 자동으로 이루어졌기 때문이다. 다음 날 그 새로운 동작을 구현하려 애써도 잘되지 않는 것은 어제 나도 모르게 수행했던 다른 많은 동작 중 무언가가 빠져 있기 때문이다. 문제는 새로 익힌 동작을 되살리는 게 아니라 빠뜨린 다른 동작이 무엇인지 찾는 것이다.

기대를 내려놓기

실력을 기르는 일은 돌 하나씩을 쌓아올리는 식으로 이루어지지 않는다. 수많은 점을 찍고, 그 점들을 이리저리 연결하고, 때로 찍었던 점을 잃어 애써 연결에 성공한 선분이 함께 사라지고, 그러면서도 거듭 점 찍기와 연결하기를 시도하면서 커다란 그림을 완성해가는 일에 가깝다. 실력은 절대로 단선적으로 늘지 않는다. 그래서 요즘은 갑자기 스키가 잘되는 날, 그냥 온전히 오늘을 즐기자고 마음먹는다. 물론 여전히 새롭게 몸에 들어온 감각을 기억해두려고 노력하지만, 내일은 재현되지 않을 것이 당연하다고 미리 기대를 내려놓는다. 내일이 어찌되었든 오늘 이렇게 탈 수 있다면, 그 자체로 즐거운 일이다. 그리고 새로운 감각도 이런 식으로 몸에 들어왔다 나가기를 반복하며 언젠가는 내 것이 될 것이다.

사실 어제 들인 노력을 고스란히 쌓아서 다음 단계로 가져가야 한다고 생각하면, 운동을 꾸준히 할 수가 없다. 사람의 몸은 항상 적이지 않아서 계속 노력을 들이는데도 앞으로 나아가지 못하는 시기가 있기 마련이다. 오히려 점점 나빠질 때도 있다. 한 발을 나갔다가 두 발 뒤로 다시 밀려가는 날이 부지기수다. 더구나 스키는 겨울에만 할 수 있는 운동이다. 한겨울 내내 애를 써서 간신히 언덕까지 돌을 굴려놓아도, 비시즌 동안 주르륵 돌이 굴러 저 바닥으로 내려가버리는 것이다.

시즌 첫날은 언제나 작년의 최고점에서 얼마나 후퇴했는지 실감하는 데서 시작하기 마련이다. 예전에는 그게 그렇게 속상하고 억울할 수가 없었다. 그렇지만 계속 그런 마음이었다면 스무 시즌이 넘도록 스키를 탈 수 없었을 것이다. 지난 시즌의 마지막 날 내 돌이 어디에 있었는지, 심지어 어제의 마지막 활주가 어느 수준까지 올라갔었는지도 중요하지 않다. 오늘 아침 첫 활주에 비해 돌을 제법 굴려 올릴 수 있었다면 그걸로 충분하다고 생각하며 매일의 스키를 마친다. 스키 타기를 여전히, 실은 매해 더욱 사랑하는 이유는 아침의 출발점이 어디였든, 그보다 조금 위로 굴려 올리는 하루의 시간이 거의 언제나 즐겁고 짜릿하기 때문이다.

그리고 어쨌든 긴 시간을 돌아보면, 굴려 올렸다 미끄러져 내려오기를 계속 반복한 것 같아도 서너 시즌 전보다는 분명히 더 올라와 있다. 물론 이런 더딘 향상도 언제까지 가능할지 모르겠다. 분명히 더 이상은 실력이 늘지 않는 시기가 닥치겠지만, 그래도 당분간은 하루하루 조금씩 상승하는 게 가능하지 않을까. 그리고 언젠가 그조차 불가능한 날이 와도 또 다른 즐거움을 찾아 여전히 스키를 타고 있을 것이다. 그게 내 바람이기도 하다. 지금 내가 하고 있는 다른 많은 일들에 대해서도 마찬가지다.

꾸역꾸역 하다 보면

계속 하다 보면 그것만으로
이르게 되는 어떤 경지가 있다.
당장의 '잘함'으로 환산되지 않아도
꾸역꾸역 들인 시간이
그냥 사라져버리지는 않는다.

2014년 소치 올림픽을 끝으로 김연아가 선수 생활을 마친 후 피
겨스케이팅을 챙겨보지 않게 되었다. 김연아가 2006년 주니어 세
계 선수권에서 우승하면서부터 피겨스케이팅 팬이 되었고, 그러
다 보니 김연아가 출전하는 여자 싱글 외에 다른 종목들도 챙겨
볼 정도가 되었지만, 소치 올림픽을 끝으로 마음이 식어버렸다.
어이없는 판정이 거듭되는 것을 지켜보다가 스포츠로서의 피겨
스케이팅에 대한 신뢰를 잃어버렸기 때문이다. 하지만 2018년 평
창 올림픽은 피할 수가 없었다. 오랜만에 중계를 보자니 지난 4년
간 등장한 새로운 선수들은 낯설고, 김연아의 시대에 함께 뛰었
던 선수들에게 아무래도 마음이 간다.

　그중에서도 특히나 좋아했던 아이스댄스 팀인 테사 버츄와 스

캇 모이어의 단체전 프리댄스를 볼 때는 마음이 뭉클해지고 말았다. 2010년 밴쿠버 올림픽에서 금메달을 땄을 때 이미 세계 최고 수준인 팀이었고 그보다 잘한다는 게 가능할까 싶었다. 그런데 이번에 보여준 경기는 '잘함'의 영역을 뛰어넘은 듯했다. 이런 경기를 보면, 기술 요소를 분별해 점수를 매기는 일이 무의미하게 느껴진다. 피겨스케이팅은 스포츠이니 점수를 따져 잘한 선수와 더 잘한 선수를 줄 세우지 않을 수 없겠지만, 이들이 보여주는 아름다움은 점수로 온전히 환산될 수 있는 게 아니다.

이 팀은 남매도 연인도 부부도 아니면서 20년이 넘도록 함께해왔다. 중간에 테사 버츄가 두어 시즌인가 부상에 시달렸고, 4분짜리 프리댄스를 한 번에 런스루하기 어려울 만큼 안 좋은 상태에서도 시즌 오프 없이 계속 출전했다. 스캇이 인터뷰에서 "테사가 너무 아파서 조각조각 끊어서 연습할 수밖에 없었고, 이번 대회가 처음부터 끝까지 한 번에 런스루한 세 번째였어요"라고 말했던 것도 기억이 난다.

테사는 극심한 통증 때문에 눈물을 흘리며 연습을 했다는데, 그럼에도 서른을 바라보는 나이가 되도록 선수 생활을 그만두지 않은 건 둘 사이의 파트너십 덕분이 아니었을까 짐작해본다. 테사가 그만둔다면, 스캇도 선수 생활을 계속 할 수 없을 테니까. 둘에게 각자의 커리어는 자신만의 것이 아니었고, 적어도 스케이팅에 관한 한 둘은 '연결된 하나의 주체'였다고 해도 과언이 아닐 것이다.

오래 일하는 비결

너무나 오랜만에 더욱 아름다워진 두 사람의 경기를 보면서 《랩걸》의 호프 자런과 빌을 생각했다. 《랩걸》은 식물학자 호프 자런의 회고록인데, 책에는 첫 번째이자 평생의 연구 파트너인 빌이 계속 등장한다. 자신의 연구 활동을 묘사하는 문장의 대부분에서 주어는 '빌과 나는'이거나 '우리는'이다. '우리는'은 당연히 빌과 저자를 일컫는다. 책의 1부에 이런 구절이 나온다.

빌은 내가 약한 부분에 강하다. 그래서 우리는 함께할 때 완전하다. 우리 둘은 각각 필요한 것의 절반은 바깥세상에서 얻고 나머지 절반은 서로에게서 얻는다. 나는 속으로 그의 월급을 올리고 실험실을 계속 운영할 수 있는 자금을 무슨 수를 써서라도 찾겠다고 맹세했다. 노력하면 될 것이다. 나란히 자리한 두 실험실에서 우리는 각각 라디오를 켜서 서로 다른 방송국에 주파수를 맞추고 다시 일을 시작했다.[•]

얼마 전 회사 동료와 술을 마시다가 오래 일하는 비결은 '꾸역꾸역' 하는 거라는 이야기에 한참을 깔깔거리며 웃었다. 나와 비슷한 또래이고 성별도 같은 그 동료가 이르기를, 20대 후반의 여

• 호프 자런, 김희정 옮김, 《랩걸》, 알마, 2017, 45쪽.

자 후배 하나가 "어떻게 하면 오래 일할 수 있느냐. 특별한 기술이 없어서 언제까지 일할 수 있을지 걱정이 된다"라고 했고, 거기에 "그냥 꾸역꾸역 하면 된다"라고 답했다는 거였다. "하다 보면 치사하고 더럽다는 생각이 들 때가 있을 거야. 그만두고 싶을 때도 있고. 그럴 때 깊이 생각하지 말고 그냥 꾸역꾸역 하면 돼."

동료의 이야기에 맞장구를 치면서 한바탕 웃었지만, 마흔 살이 넘은 지금까지도 과연 잘할 수 있는 일을 하고 있는 걸까 툭하면 의심에 빠져드는 나에게도 위로가 되는 말이었다. 의심이 들 때면 그냥 머리를 파묻고 꾸역꾸역 하면 된다.

"중요한 건 열심히 하는 게 아니라 잘하는 것"이라는 말도 있긴 하다. 나 역시 이 말을 좋아한다. 이 말은 돈 받고 일하는 모두에게 적용되는 이야기겠지만, 그렇다고 해서 "잘하는 게 아니라 계속 하는 게 중요하다"라는 말이 틀린 것은 아니다. 계속 하는 것과 열심히 하는 것은 다른 종류의 문제다. 계속 하다 보면(언제나 열심히는 아니더라도) 그것만으로 이르게 되는 어떤 경지가 있다. 당장의 '잘함'으로 환산되지 않더라도 꾸역꾸역 들인 시간이 그냥 사라져버리지는 않는다(고 믿고 싶다).

의심의 순간을 버티게 해주는 것

4분짜리 프로그램을 처음부터 끝까지 한 번에 연습하기도 힘들었던 순간에 테사에게는 얼마나 많은 의심이 깃들었을까. 그래도 20년 넘게 테사는 선수 생활을 이어왔다. 꾸역꾸역 해나가는 동기는 대개 책임감이다. 미래에 주어질 근사한 보상, 이루고 싶은 멋진 그림은 '꾸역꾸역'과는 별로 어울리지 않는다. 책임감이라는 말과 함께 떠올리는 얼굴들이 의심을 떨치고 버티게 해준다. 테사에게 스캇이, 호프 자런에게 빌이 그런 얼굴이었을 것이다. 꾸역꾸역 버틸 이유가 없는 삶은 자유로워 좋지만, 그게 또 좋기만 한 것은 아니라고 생각한다. 이런 생각이야말로 정신승리일지도 모르겠지만.

꾸역꾸역 채우는 매일은 그다지 아름다울 게 없더라도, 그렇게 하다 보면 운이 따르는 어느 날, 두 사람의 프리댄스와 같은 아름다운 순간이 만들어지기도 하는 것이다. 점수가 전광판에 뜨기도 전에 뜨겁게 포옹하며 키스를 나누는 두 사람을 보면서, 꾸역꾸역이 준 보상은 점수가 아니라, 누가 말해주지 않아도 스스로 알아차리는 그 아름다움의 순간이라는 걸 실감한다. 바로 그날이 올림픽에서라면 최고겠지만, 관중이 없는 연습 링크에서라고 값이 없어지지는 않는다. 아름다움은 그걸 만들어낸 본인들이 가장 먼저 알고, 거기에는 이미 보상이 있다.

이제 꾸역꾸역이라는 말이 얼마나 대단한지 실감하는 나이가 되어서일까. 이번 평창 올림픽에서는 특히나 그런 선수들에게 눈길이 갔다. 테사와 스캇만이 아니다. 파트너의 은퇴 후에도 포기하지 않고 새로운 파트너와 다섯 번째 올림픽에 도전해 결국 금메달을 거머쥔 알리오나 사브첸코의 페어스케이팅 프리 프로그램도 경이로웠다. 여전히 새처럼 날아오르는 하프파이프의 전설 숀 화이트도 근사했고, 이제 매번의 출전이 기록이고 전설인 알파인 스키의 린지 본은 동메달리스트가 아니라 나의 영웅이다. 여기에 더해 4회전 점프만큼이나 값진 스텝 시퀀스를 보여준 패트릭 챈에게, 네 번째 올림픽에서 세 번째 메달을 목에 건 이상화 선수에게, 그 밖에 꾸역꾸역 훈련의 날들을 채워 매일 어제의 자신을 넘어서고 있는 모든 선수들에게 존경의 마음을 보낸다.

공터가 없으면 광장에서라도

오늘 아침에는 자전거를 못 타는 사람이었지만
이제는 자전거를 탈줄 아는 사람이 되었으니까.
그 사실 이상으로 더 필요한 것은 없었다.

몇 살이었는지도 잘 기억나지 않는다. 아마도 일고여덟 살쯤, 어
쩌면 그보다 더 어렸을 때 내 몸집에 비해 너무 커서 발도 잘 닿
지 않던 오빠의 자전거를 끌고 동네 공터에 나갔다. 왜 그날 그런
마음을 먹었을까. 나는 사뭇 비장한 마음으로 자전거 타기 연습
을 시작했다. 오늘 기어코 두 발 자전거를 익혀야겠다는 결심이
었다. 아마도 엄마 아니면 오빠가 해주었을 딱 한 마디 조언이 그
날 연습의 유일한 길잡이였다. "왼쪽으로 넘어질 것 같으면 왼쪽
으로 틀고, 오른쪽으로 넘어질 것 같으면 오른쪽으로 틀면서 계
속 페달을 밟으면 돼."

훤한 대낮에 시작한 연습은 날이 어둑어둑해질 때까지 계속되
었다. 셀 수 없이 넘어졌지만, 다시 자전거에 올라타기를 반복하

다 보니 해가 저물었고, 어느 순간 벼락같이 자전거를 타는 데 성공했다. 무슨 마법이 일어났는지 모르겠다. 더 이상 왼쪽으로도 오른쪽으로도 넘어지지 않고 원하는 만큼 페달을 밟으며 나아갈 수 있게 되었다. 혹시나 우연일지 몰라 두 번 세 번 시도를 했고 연이어 성공했다. 이걸 까먹으면 어쩌나 싶어 또 한참 페달을 밟으며 아파트 단지를 빙빙 돌았다. 수없이 쓰러질 때 격려해준 사람이 없었듯이, 드디어 자전거를 탈 줄 알게 되었다고 박수 쳐주는 사람도 없었다. 하지만 눈곱만큼도 아쉽지 않았다. 그날의 짜릿함을 나는 아직도 또렷이 기억하고 있다.

신이 난 채로 집에 돌아와 "엄마, 나 이제 두 발 자전거 탈 줄 알아. 안 넘어지고 계속 갈 수 있어!"라고 외쳤을 때, 엄마는 무심히 칭찬 한두 마디쯤 건넸을 뿐이다. 그렇다고 해서 내 흥분이 타격을 입지는 않았다. 오늘 아침에는 자전거를 못 타는 사람이었지만 이제는 자전거를 탈 줄 아는 사람이 되었으니까. 그 사실 이상으로 더 필요한 것은 없었다. 그 흥분은 다음 날, 또 다음 날 다시 자전거에 오를 때마다 찾아왔고, 그렇게 며칠이 갔다.

그저 잘하고 싶은 마음

휴가를 마치고 돌아와 출근 3일 만에 덜컥 걸려버린 감기와 쏟아지는 일더미에 흐물흐물해진 아침 출근길, 나도 모르게 "아이구,

힘들다" 소리가 입에서 나왔다. 그 말에 나도 놀라 "넌 사는 게 괜찮아?" 하고 남편에게 물었다. 남편은 흐, 픽, 흥, 허, 품을 뒤섞은 외마디의 감탄사를 내뱉고는 5초쯤 후에 "잘하고 싶은 게 있으면 괜찮은 것 같아"라는 대답인지 대답이 아닌지 모를 말을 하더니 "사니까 사는 거지, 가 아니게 만드는 건 그런 일이야" 하고 덧붙인다. 늘 책을 붙들고 사는 건 난데, 남편은 가끔씩 이런 말을 해서 나를 움찔하게 한다.

이 말에 요즘 잘하고 싶은 것들을 생각해보다가, 몇 번이고 넘어질수록 독하게 다시 자전거를 일으켜 세웠던 어린 시절 그날이 문득 떠오른 것이다. 그 독한 마음은 제법 비장하긴 했지만, 앙다문 와신상담 같은 건 아니었다. 그저 잘하고 싶은 마음, 자전거를 타고 씽씽 달리는 간절한 상상 같은 것이 아니었을까.

그때의 자전거 타기처럼 요즘의 내게도 간절히 잘하고 싶은 것이 몇 가지 있다. 다만 문제는 나이가 들면 들수록 수없이 넘어져가며 연습할, 사람 없는 공터를 찾기가 어려워진다는 데 있다. 찾을 수 있는 공간은 사람 많은 광장이거나 망가뜨리면 안 될 것 같은 무대뿐인 것 같다. 넘어져도 아무렇지 않게 혼자 벌떡 일어나기만 하면 되었던, 그런 공터는 더 이상 없다.

허락된 공터가 없다면, 광장이나 무대에서라도 연습을 해야겠지. 그렇게 해서라도 잘하고 싶은 일이 있는 것이, 남편의 말대로, 다행인 것이다. 공터에서든 광장에서든 자전거를 탈 줄 아는 사람이 된다면 똑같이 신이 날 테고, 그러니 그렇게 거듭 연습해볼 밖에.

훈련은 언제나 즐겁게 할 수 있다

괴로움은 내가 힘을 늘려가는
과정에 있다는 뜻일 테다.
이 시간이 훈련이라면, 이 훈련의 끝에
근육은 반드시 자라 있을 터다.

어제의 일이다. 여느 때처럼 운동을 하러 갔다. 별 이유 없이 유난
히 운동이 잘되는 날이 있는데, 어제가 딱 그런 날이었다. 무게를
올린 지 일주일이 채 안 되었는데도 바벨 스쿼트가 한결 가볍게
느껴졌다. 그렇게 첫 세트를 마치고 나니 트레이너가 바로 무게
를 5킬로그램 더 얹었다. 귀신같은 양반이다. "아, 오늘은 좀 편하
다 했더니"라고 투덜대자 "그래 보여서요"라고 아무렇지 않게 대
꾸한다.

  가까스로 늘린 무게를 견디며 3세트를 마치고 레그 프레스로
넘어갔다. 무게를 늘린 스쿼트 직후였으니 다리가 후들거렸다. 쉽
게 가는 법이 없다는 생각 끝에 "참 인생이 고행이네요"라는 말이
툭 튀어나왔다. 요즘 유난히 운동에 열을 올리고 있는데, 그게 일

에서 받는 스트레스 때문이라는 것을 안다. 그런데 운동도 쉬운 것은 아니라서, 이게 무슨 사서 고생인가 싶어 나온 말이었다. 늘 사람 좋고 태평한 트레이너의 얼굴에 '뭔 소리래?' 하는 표정이 스쳤다. 가끔 "어제는 고민이 많아 잠을 못 잤더니 몸이 영 무겁네요"라고 말하면 "저는 고민하느라 잠을 설친 적이 단 한 번도 없어요"라고 대꾸하는 사람이다.

그런데 이렇게 문득 "인생이 고행"이라는 말을 뱉고 나니, 머리에 벼락같은 깨달음이 스쳤다. '지금 내가 하고 있는 일도 운동하듯이 해야 되는 거구나'라는. 운동도 일과 다를 바 없이 고행이지만, 그래도 대체로 즐겁게 한다. 그에 반해 내 일은 이게 내 깜냥을 넘는 게 아닌지 의심이 들어 괴로울 때가 있다.

프로젝트와 태스크

일에는 프로젝트project의 층위가 있고 태스크task의 층위가 있다. 프로젝트는 정해진 목표와 그 목표에 도달하기 위한 시간을 중심으로 정의된다. 태스크는 그 프로젝트를 수행하기 위해 필요한 매일매일의 과업이다. 예를 들어 "6개월 안에 '새로운 시대의 일하기'라는 주제의 책을 출간한다"는 것은 프로젝트이고, 책의 기획서를 쓰고 목차를 짜고 매일매일 글을 써서 원고를 완성하고 탈고하는 것은 태스크다. 하나의 프로젝트에는 늘 여러 태스크가 포함되고, 프로젝트 차원에서는 내가 원하는 일이라고 해도 그 프로젝트 안의 모든 태스크가 즐거울 수는 없다. 아니, 오히려 그 반대다. 내가 간절히 바라는 프로젝트일수록 그 안에는 반드시 괴롭고 어려운 태스크가 더 많이 포함되어 있기 마련이다.

요즘 내가 하는 일이 딱 그런 지경이었다. 지금 내가 하고 있는 일은 과거의 그 어떤 일보다도, 프로젝트 차원에서 보자면 내 마음이 원하는 일이다. 다시 말해 이 일이 겨냥하는 목표를 향한 마음이 간절하다는 뜻이다. 그렇지만 그 목표에 가닿기 위해 수행하는 매일의 업무를 원했던 것은 아니다(새롭게 시작하는 프로젝트에 대해, 그 프로젝트가 매일의 일상에서 어떤 태스크를 요구할지 미리 구체적으로 알기는 거의 불가능한 일이기도 하거니와). 매일이 힘에 부친다는 생각에 일과를 쪼개어 들여다보니 일하는 시간의 9할을 이제껏 내켜 하지 않거나, 잘하지 못한다고 생각해왔던 일에 쓰고 있었다. 힘에 부치고 괴롭다는 느낌이 드는 건 당연했다. 이렇게 괴로운 태스크에 9할의 시간을 쓰는데, 그렇다고 목표에 닿을 것이라고 확신할 수도 없으니 무력감이 몰려올 수밖에 없었다.

이런 식으로 내가 얼마나 버틸 수 있을지 자신감이 떨어졌다. 내가 이 프로젝트의 성공을 간절히 바라는 것은 이 일이 그만큼 어렵다는 사실을 알기 때문이기도 하다. 그리고 이 프로젝트를 원하는 만큼 태스크는 어렵고 내 능력의 범위를 거듭해 조금씩 비껴나간다.

훈련 후에는 근육이 자란다

그런데 일만이 아니라 운동도 고행이란 생각이 든 그 순간, 그럼에도 운동만은 '요즘 내 삶의 유일한 낙'이라며 즐겁게 붙들고 있는 이유가 동시에 떠올랐다. 괴로운 운동을 즐겁게 견디는 건, 이 끝에 더 강하고 유능한 몸을 얻게 될 것을 알기 때문이다. 사실 운동의 영역으로 오면, '고행이다' 싶게 운동한 날 오히려 더 뿌듯하다. 힘들다고 느끼는 만큼 근육이 자란다는 것을 알기 때문이다. 운동을 했는데도 아프지 않다면, 오늘의 운동은 훈련이 아니라 그저 에너지 소모일 뿐이라는 것도 안다. 지금 내 깜냥을 한 뼘씩 비껴나며 나를 괴롭게 하는 태스크도 운동과 다를 바 없다고 생각한다면, 나는 이 태스크의 괴로움을 편안히 받아들일 수 있지 않을까.

요즘 하는 일들에서 내가 괴로움을 거듭 느끼는 건 이 일이 내게 익숙하지 않은 종류의 것이기 때문이다. 갑작스레 5킬로그램이나 증량한 스쿼트와 다를 바 없다. 그렇다면 이 괴로움은 내가 힘을 늘려가는 과정에 있다는 뜻일 테다. 이 시간이 훈련이라면, 이 훈련의 끝에 근육은 반드시 자라 있겠지.

힘에 부치는 태스크의 목적이 프로젝트의 성공이라고 생각할 때는 이 모든 일이 결실이 불확실한, 무용할지 모르는 노력이라는 회의가 들었다. 내가 이 일을 해낼 만한 사람인지도 자꾸 의심하게 되었다. 그러나 이 괴로운 하루하루를 훈련의 과정이라고 생각하니 한결 마음이 가벼워졌다. 이게 훈련이라면, 그것만은 반드시 성공해낼 수 있다는 자신도 생겼다. 나는 괴로운 훈련을 끈질기게 버티는 데는 능하다. 이 훈련의 끝에 운이 좋게, 내가 그토록 바라는 프로젝트의 성공도 뒤따른다면 금상첨화겠지만, 그건 운이 따라야 얻을 수 있는 보너스다. 그러나 이 태스크들에 점점 편안해지고 더 유능한 사람이 되어 있을 것만은 분명하다. 훈련이 일등을 담보해주지는 않지만, 훈련 이전보다 근육이 자라는 것만은 보장해주는 것처럼.

그날 밤 나는 업무 계획 대신 훈련 계획을 세웠다. 지금 나를 가장 괴롭게 하는 태스크, 가장 부족하다고 여기는 일을 연습하기 위한 루틴이다. 일단 1년쯤 이 루틴을 무조건 반복해보기로 한다. 프로젝트는 어떨지 몰라도 태스크만은 조금 수월해질 테고, 나는 더 강해져 있을 것이다. 숲이 아니라 그냥 나무를 보는 게 필요한 시기도 있다.

4

아주 개인적인
동기부여

퇴사의 발견

회사 밖이 지옥이 아니라고 믿을 수 있을 때,
비로소 모두가 불안을 무릅쓰지 않고도
'나의 일'을 할 수 있다.

'퇴사'라는 말이 이렇게 흔히 쓰인 적이 있었을까. 이 글을 쓰려고
컴퓨터 앞에 앉아 일단 인터넷 서점에 접속해 '퇴사'라는 단어를
검색해보았다. 제목이나 부제에 '퇴사'라는 단어가 들어간 책은
총 30권, 전부 2015년 12월 이후에 출간된 책이다.

　퇴사가 '요즘 말'인 건 분명하다. 생각해보면 회사를 그만두는
일이 벌어질 때, 그 상황을 표현하는 단어는 얼마 전까지만 해도
'이직'이거나 '은퇴'였다. 회사를 그만두는 일은 대개 다른 회사로
옮기기 위해서이거나, 더 다닐 수 없거나 다니지 않아도 될 나이
까지 회사를 다녔을 때 벌어지는 일이었기 때문이다. '퇴사'라는
말은 조금 다른 뉘앙스를 풍긴다. 출간된 책 제목들을 죽 살펴보
면 알 수 있다. '퇴사하겠습니다', '퇴사 준비생의 도쿄', '나는 매

일 퇴사를 결심한다' 등등. 여기서 말하는 퇴사는 '한 회사로부터의 물러남'이 아니라 '회사생활로부터의 퇴거'다. 다음 직장을 전제하지 않은 채, 회사 바깥에서의 일하기를 모색하고자 회사를 그만두는 일을 의미한다.

나는 세 번 회사를 그만두었다. 앞의 정의에 따르면, 처음 두 번은 이직이었고 한 번은 퇴사였다. 세 번째 회사에서 나는 그곳의 사람들과 일을 좋아했다. 몇 년에 걸친 고민 끝에 도달한 결론은 그 회사가 아니라 회사에 소속되어 있을 때 생겨나는 보편적인 일상의 틀과 리듬이 나를 괴롭게 한다는 것이었다. 다음 갈 곳을 정하지 않은 채로 회사를 떠나던 날, 나는 홀가분하면서도 무서웠다. 나는 여전히 계속해서 일하겠지만, 명함이나 소속이 없다는 것이 어떤 무게일지 상상하기 어려웠기 때문이다. 그때까지 나는 조직 밖에서 일하는 사람들의 다양한 사례를 알지 못했고, 창업자도 자영업자도 아닌 그 무엇으로 회사 밖에서 일할 수 있을지 상상하기가 어려웠다. 나는 '퇴사'를 하고 나서야 회사 밖의 세계와 만났고, 그곳에서 적지 않은 사람들이 규정되지 않은 제각각의 방식으로 일을 하며, 나름대로 먹고산다는 것을 발견했다. "회사 안은 전쟁터지만, 밖은 지옥"이라는 〈미생〉의 대사에는 일면 진실이 담겨 있지만, 그렇다고 회사 밖에서 일하는 사람들이 지옥에 사는 것처럼 모두 불행한 것도 아니었다.

그 후로 회사 밖에서의 6년여가 지나고, 나는 다시 회사에 들어가게 되었지만, '퇴사'를 경험한 후의 회사는 결코 예전 같지 않다. 이직이 아닌 퇴사는 회사인간으로서의 졸업이고, 회사사회 밖 세상의 발견이다. 그 후에는 다시 직장인이 된다고 해도 이제 회사는 그전의 회사와 같지 않다.

'나의 일'을 하는 사람들, 그래도 좋은 사회

'일상기술연구소'라는 이름을 단 팟캐스트를 진행하고 책을 펴낸 탓에 기술 가진 사람이라는 오해를 받곤 한다. 얼마 전엔 "다시 직장인이 되고 보니 회사 밖에서 일할 때의 기술과 직장인으로 일할 때의 기술이 어떻게 다르냐"는 질문을 받았다. 곰곰이 생각해보고 내놓은 답은 이랬다. "저는 그 둘이 가능하면 다르지 않기를 바라는 마음으로 일하고 있어요." 직장 밖에서의 6년가량은 '나의 일'을 하는 감각을 만들어주었고, 직장 안에서 일하는 지금도 나는 그 감각을 최대한 지키면서 일을 하려고 노력한다. 납득할 수 있는 일을, 직장 밖에 있었더라도 선택했을 법한 일을 하려고, 주어진 일이니까 그냥 하지 않으려고 애를 쓴다. 그리고 그렇게 일하는 게 회사에도 좋은 일이라고 진심으로 믿고 있다. 물론 이런 식의 일하기가 모든 직장에서 가능한 건 아니라는 것을 안다. 나는 아직까지 운이 좋은 직장인인 셈이다.

원하든 원치 않든 이직도 은퇴도 아닌 퇴사를 경험하는 시대가 오고 있다. 아니 이미 우리는 그런 시대의 한복판에 와 있는지도 모른다. 이 사회를 지탱하는 노동과 분배, 복지의 시스템도 그만큼 발맞춰 움직이고 있을까. 아무래도 답은 '아니다'에 가까운 듯하다. 회사 밖이 지옥이 아니라고 믿을 수 있을 때만 회사 안도 전쟁터가 아닌 것이 된다. 그때야 비로소 모두가 불안을 무릅쓰지 않고도 '나의 일'을 할 수 있다고 믿는다.

"무 슨 일 하 세 요 ? "

과거에는 명확했던 기준으로 더 이상 분류할 수 없는
사람과 사례들이 점점 늘어난다면,
애매함을 포용해주는 영역이 필요하다.

한 직장에 소속되지 않은 채로 일했던 6년여 동안 "무슨 일 하세요?"라는 물음에 짧은 답을 찾지 못해 늘 곤혹스러웠다. 6년이 넘었으면 적당한 해결책을 찾았을 법도 한데, 해결책은 찾지 못했고 곤혹스러움에만 익숙해졌다.

나는 6년여 동안 때로는 책을 쓰고 번역을 했으며, 협동조합을 꾸려서 이북ebook 중심의 출판업을 하기도 했고, 팟캐스트를 진행했고, 투자회사와 컨설팅 회사에서 일했던 경력을 살려 독립 컨설턴트로 일하기도 했다.

얼핏 보면 제각각이지만, 이 개별적인 일들은 내 머릿속에서 서로 연결되어 하나의 포트폴리오를 이룬다. 어째서 그런지를 설명하려면 이 지면을 모조리 허비하게 될 것이다. 내가 쓴《내리막 세상에서 일하는 노마드를 위한 안내서》를 읽고 "무슨 일을 하세요?"에 답하기 위한 책 같다고 말한 이도 있었다. 그러다가 2017년에는 주변 사람들을 놀라게 하며 다시 직장인이 되었다(퇴사 유발자라는 오해를 받아왔던 터였다). 이제는 답변이 좀 쉬워질 줄 알았는데, 꼭 그렇지도 않다. 나는 여전히 회사 일만을 하는 사람은 아니다.

이런 곤란을 느끼는 사람이 나만은 아닌 것 같다. 얼마 전 '광화문 1번가'에 발언자로 나선 조소담 닷페이스 대표는 자신이 "일자리라고 부를 수 없는 수많은 일을 거쳤"으며, 미디어 스타트업인 닷페이스를 창업한 후에도 여전히 무엇이라고 정의할 수 없는 "새로운 일의 경계 같은 곳"에서 계속 일하고 있다고 말한다.

'스타트업'은 무엇이든 담을 수 있는 유연한 단어 같지만, 정책이 원하는 분류 앞에서는 여전히 길을 잃는다고 조소담 대표는 털어놓았다. 기존의 틀에 맞춰 업을 설명할 수 있어야만 '창업 지원'을 받을 수 있다고 했다. 정책적 지원에 최소한의 기준이 필요하기는 하겠으나, 새로운 혁신을 기대하면서 기존의 틀에 맞춰 사업을 설명하라고 요구한다면, 여기에는 분명히 모순이 있다. 조소담 대표는 이렇게 말한다. "분명한 산업의 이름이나 숫자로 된 지표들을 조금 포기하셨으면 좋겠다고 생각해요. 애매하다고 느껴질 수 있는 시도들을 조금 더 많이 응원하는 체계가 되었으면 좋겠습니다."

모르는 게 약이다

직접이든 간접이든 경험한 사례가 많으면, 새로운 상황을 빠르게 파악하고 그 덕에 일을 효율적으로 처리할 수 있게 된다. 어떤 문제를 보아도 과거의 사례들 가운데 얼추 비슷한 것을 찾을 수 있기 때문이다. 경력자의 미덕이다. 하지만 바로 그 때문에, 일의 목표가 과거에 본 것 중 가장 좋은 것을 재생하거나 복제하는 것에 그치기도 한다. 바탕에 깔린 전제가 흔들리는 시대라면, 재생도 복제도 더 이상은 가능하지 않으며, 가능하다 해도 무의미한 경우가 많다.

뭘 하고 있느냐고 묻고는 "내가 했던(혹은 내가 보았던) ○○ 같은 거구나"라고 말하는 분들이 있다. 참고해보면 좋을 사례를 알려주는 경우도 있지만, 가끔은 그런 식으로 분류되거나 요약되는 것에 불편한 마음이 들기도 한다. 과거의 ○○와는 같을 수 없는 지점들, 얼핏 별 의미 없어 보이는 작은 지점들에서 변화가, 가끔씩 혁신이 일어난다. 너무 많은 사례를 아는 탓에 오히려 이런 지점들을 놓치게 된다. "모르는 게 약"이라는 말이 새로이 설득력을 얻는 이유다. 과거에는 명확했던 기준으로 더 이상 분류할 수 없는 사람과 사례들이 점점 늘어난다면, 애매함을 포용해주는 영역이 필요하다. 과거의 기준으로 보아 단일하고 깔끔한 목표는 의미 있는 차이, 지금 막 일어나고 있는 변화들을 억누를 가능성이 크다.

짧지 않은 답변을 듣고, 모호한 차이들을 모호한 채로 받아들일 준비가 되어 있는 게 아니라면 "무슨 일 하세요?"라고 아예 묻지 않는 편이 나을지 모른다. 나부터 고쳐 묻는 연습을 해야겠다. 요즘 제일 관심 있는 문제가 뭐예요? 요즘 무슨 일에 가장 많이 시간을 쓰나요?

n 잡 의 기 술

n잡러에게 필요한 것은
고정된 단 하나의 답을 찾는 게 아니라,
그때그때 달라지는 답들을 서로 연결하여
스스로 납득할 수 있는 스토리를 만들어내는 일이다.

2012년 〈포브스〉 칼럼에서 라리사 포Larissa Faw는 밀레니얼 세대의
멀티커리어이즘multi-careerism 현상을 소개한다. 그는 비아콤Viacom의
혁신 사업부 로스 마틴Ross Martin의 말을 인용한다. "(밀레니얼 세대
는) 그저 1루수이거나 좌익수이거나 하지 않아요. 그들은 '운동선
수'죠. 그들의 외장하드는 한 번에 여러 가지 일을 할 수 있게끔
어디에든 연결될 수 있어요." 라리사 포는 이런 현상이 바로 밀레
니얼 세대의 멀티커리어이즘이라고 설명한다.

　그 후로 하루 8시간 주 5일 근무제 밖에서 일하는 사람이 점점
늘어났다. 이런 식의 유연 노동이 보편화된 경제체제에 붙이는
'긱 이코노미geek economy'라는 용어도 생겼다. 우리나라에서는 n잡
러라는 신조어가 등장했다.

주 3일은 온라인 민주주의 스타트업 '빠띠'에서, 주 2일은 조직 문화를 연구하는 '진저티 프로젝트'에서 일하던 당시 홍진아는 자신처럼 둘 이상의 소속을 추구하며 다양한 방식과 역할을 가지고 일하는 이들을 지칭해 n잡러라는 말을 내놓았다.[•] 나는 처음 이 표현을 접하고는 나 자신도 n잡러라고 금세 수긍했다. 일은 가장 먼저는 먹고사는 수단이어야겠지만, 행복하게 일하는 데에는 그 이상이 필요하다. 일하는 사람에게는 다양한 욕망과 능력이 있다. 하나의 일자리가 모든 것을 해소해줄 수 없다면, 스스로 일들의 조합을 만들어내 직업을 창조하려는 이들이 바로 n잡러다.

물론 말처럼 쉬운 일은 아니다. 2017년 10월 《하버드 비즈니스 리뷰》에는 브리아나 카자Brianna Caza가 이끄는 연구진의 글이 실렸다. 5년 이상 복수의 직업을 가진 사람 48명을 인터뷰한 내용이다. 연구진은 이들이 겪는 어려움이 대부분 멀티태스킹에 따르는 물리적 문제에서 올 것이라고 예상했었다고 한다. 그러나 인터뷰 결과 그들이 가장 어렵게 느끼는 것은 진정성authenticity의 문제였다. '정체성의 혼란', 즉 진짜 내가 누군지 모르겠다는 감각에 시달린다는 이야기다. 필자는 그들을 위한 세 가지 조언을 내놓는데, 내 해석을 덧붙여 소개하자면 이렇다.

첫째, 처음 시작할 때 주변 사람들의 피드백을 걸러 들어라. 여

[•] 2018년 10월 홍진아는 여성들을 위한 커뮤니티 랩 '선샤인 콜렉티브'를 창업하고 사업가가 되었지만, 자신이 여전히 복수의 프로젝트와 복수의 관계망에 접속해 일하는 n잡러라고 말한다.

러 가지 일을 한다고 하면, 하나에 집중하지 못한다는 둥, 헌신하지 않는다는 둥, 아마추어 같다는 둥, 이런 소리를 숱하게 들을 것이다. 일에 문제가 생기면, 당신이 n잡러라 이 일에 충분히 집중하지 못하기 때문이라는 이야기를 들을 수도 있다. 아무리 심지가 굳은 사람이라고 해도 이런 이야기를 자꾸 듣다 보면 자기 의심이 들 수밖에 없다. 필자는 처음에는 여러 가지 일을 한다는 것을 알리지 않는 게 나을 수도 있다고 말한다. 안정감이 생기고 전체 상황을 조율할 수 있게 되면, 그때부터 적극적으로 알리는 것도 한 방법이라는 것이다.

둘째, 처음에는 각각의 일에 초점을 맞추고, 그다음에 그들 사이의 연결고리들을 만들어라. 여러 가지 일을 동시에 하는 것은 인지적으로 엄청나게 피로한 일이다. 초반에는 일들 사이에 분명한 경계를 세우고, 각각에서의 역할을 뚜렷이 구분할 필요가 있다. 하나의 일에서 다른 하나의 일로 넘어가는 데 일종의 의식ritual을 갖는 것도 도움이 된다. 홍진아는 빠띠 일을 하는 날과 진저티프로젝트 일을 하는 날, 서로 다른 아이디ID로 웹브라우저에 접속한다고 한다. 한 계정에서 로그아웃을 하고 다른 계정에 로그인을 하는 과정을 통해 뇌에 신호를 보내는 것이다. "이제 이 서랍은 닫고, 다른 서랍을 여는 거야"라는.

처음에는 이 일과 저 일 사이를 분명히 구분하는 것이 일의 효율성을 높이는 데 필요하지만, 또 이 일과 저 일을 연결 짓는 것이 n잡의 묘미이기도 하다. 또 다른 n잡러의 대표주자라고 할 수 있는 이로가 바로 연결의 능력자다(본인은 그런 호칭을 달가워하지 않을지도 모르겠다). 이로는 여덟 개의 부업을 돌려 하나의 본업어치를 구성한다고 말하는데, 이 일들이 꼬리에 꼬리를 물듯 연결되어 있다고 강조한다. 이로는 독립서점이자 출판사인 유어마인드의 주인장이며 올해로 10년째를 맞은 아트북페어 언리미티드에디션의 기획자이자 글을 쓰는 필자이기도 하다. 그 밖에도 이로는 자신을 '한 마리의 트잉여'라고 소개하며, 이 역시 본인의 중요한 정체성 중 하나라고 말한다. 그는 트위터를 정보를 수집하고 메시지를 전달하는 초소형 매체로 활용한다고 하는데, 이쯤 되면 어디까지가 일이고 어디부터가 일이 아닌지 경계가 흐릿해지지 않을 수 없다. 실제로 시간이 흐르고 여러 가지 일을 돌리는 데 익숙해지면, 자연스럽게 그 일들 사이에 공통의 줄거리가 생겨나고, 일이 아니었던 것도 어느새 일로 결합되기도 한다. 이쯤 되면 한 가지 일에 들인 에너지가 자연스럽게 다른 종류의 일에서도 빛을 발하게 된다. 일석이조가 가능해지는 시점이다. 그야말로 n잡러의 최고수가 이르는 단계가 아닐까.

마지막 조언이자, 내게 가장 와닿았던 말은 이것이다. "자신을 여러 정체성으로 이루어진 복합체로서 받아들여라." 사람들은 흔히 일관성이 진정성의 표식이라고 생각하지만, 늘 한 가지 모습이어야 진정한 것은 아니다. 인간에겐 여러 측면이 있다. 복수의 직업을 갖는다는 것은 그런 여러 측면에 빛을 드리워 다양한 성향과 능력을 발현시키는 일일 수 있다. 자신을 하나의 고정된 주체로 상정하고, 거기에 딱 맞는 하나의 직업을 찾으라는 게 여태 껏 들어온 조언이기 때문에 n잡러는 "대체 나는 누구인가"에 명료 하게 답해야 한다는 압박에 시달린다. 그러나 n잡러에게 필요한 것은 고정된 단 하나의 답을 찾는 게 아니라, 그때그때 달라지는 답들을 서로 연결하여 스스로 납득할 수 있는 스토리를 만들어내 는 일이다. 그리고 그 서사가 유동하는 정체성을 붙들어주는 하 나의 정박지가 된다.

n잡러에게 필요한 것이 하나 더 있다. 복수의 역할을 오가는 와 중에도 일상의 리듬을 구축하고 안정된 생활의 기반을 확보하는 구체적인 기술이다. 사회의 기존 시스템이 가정하는 '일하기'의 모델이 n잡러를 '정상'으로 수용해주지 않는 현실에서 오롯이 개 인의 힘만으로 갖출 수 없는 기술이기도 하다. n잡러는 기존의 시 스템 안에서는 '파트타이머' 또는 '비정규직 노동자'로 불리기 십 상이다. n잡러가 노동의 질서 안에서 온전한 시민권을 얻는 순간, n잡러가 정체성을 확인하기 위한 투쟁에서도 좀 더 자유로워질 지도 모르겠다. n잡러로 자칭하는 이들의 목소리가 더 많이 들리 길 바라는 이유다.

자아는 원래 조각나 있다

찾아야 할 것은 '진정한 나'가 아니라
나 자신이 더 나은 사람이라고 느낄 수 있도록 해주는
다른 무대 위의 다른 배역이다.

〈인투 더 와일드Into the Wild〉(2007)는 실화를 바탕으로 만들어진 영화다. 주인공 크리스토퍼는 명문대를 졸업한 직후 '진정한 나'를 찾아 여행을 떠난다. 전 재산 2만 4천 달러를 빈민구호단체에 기부하고, 가족에게 아무런 소식도 남기지 않고, 이름도 '알렉산더 슈퍼트램프'로 바꾼다. 크리스토퍼는 문명으로부터 떨어져 산과 계곡, 바다를 떠돌지만, 그 방랑 속에서도 새로운 사람들과 만나 관계를 맺으며 행복한 경험을 누리는 것처럼 보인다. 그러나 관계가 깊어질 즈음이 되면 다시 길을 떠나고, 점점 더 야생의 공간 속으로 들어간다.

그가 마지막 거처로 삼은 곳은 인적 없는 숲 속 버려진 버스다. 어떤 사람과도 관계 맺을 수 없고 교류할 수 없는 그곳이야말로,

그가 찾아 헤매던, 진짜 자신을 만날 수 있는 곳처럼 보였다. 크리스토퍼는 일기장에 이런 글을 남긴다.

나는 이게 인생에서 얼마나 중요한지 안다. 단 한 번이라도 자기 자신을 가늠하는 것, 가장 원초적인 인간 조건 안에서 자기 자신을 찾는 것, 자신의 손과 머리 말고는 아무것도 자신을 도울 것이 없는 곳에서 눈멀고 귀가 먼 돌멩이를 마주하면서.

야생에 당도한 크리스토퍼는 진짜 자기 자신과 만났을까? 안타깝게도 우리는 그의 답을 들을 수 없다. 그는 일기장과 함께 죽은 채로 발견되었다. 야생의 공간에서 홀로 겨울을 맞은 크리스토퍼는 결국 그곳에서 굶어죽고 만다.

우리는 어쩔 수 없이 쓰게 되는 가면과 그 뒤에 숨은 진짜 내 얼굴이 따로 있다는 식의 서사와 종종 마주한다. 가면은 가짜이며, 그 뒤의 얼굴이 진정한 자신이라는 것이다.

가면을 벗을 수 있는 곳에서 자신의 진짜 얼굴을 볼 수 있다는 생각, 그것이 아마 사람 하나 없는 곳을 찾아 알래스카로 떠난 크리스토퍼의 마음이 아니었을까? 나를 바라보지도 내 말을 들어주지도 못하는 돌멩이만을 마주하고 가장 원초적인 인간으로서 자기 자신을 찾고 싶다는 마음. 그러나 이런 소망을 실현하는 게 과연 가능할까?

'진정한 나'라는 착각

어빙 고프먼이 쓴《상호작용 의례》에 따르면, 가면 뒤에 숨은 실체가 진정한 나라는 믿음은 착각이다. 고프먼은 일상 속 상호작용을 일종의 공연으로 인식하여 "자아를 이중의 의미로 사용"한다. 하나는 공연된 "이미지로서의 자아"이고, 다른 하나는 공연을 수행하고 평가하는 "의례 게임의 선수와도 같은 자아"다.• 공연을 수행하는 주체로서의 자아와 공연된 결과로서의 자아는 서로 연결되어 있으며, 그 둘이 한 세트로 '나'를 이룬다.

여기서 좀 더 나아가면, 공연은 언제나 무대를 전제로 하므로 자아를 무대와 따로 떼어내 생각할 수 없다. 무대는 공연된 자아에 영향을 미치며, 다시 공연된 자아는 공연자로서의 자아를 변형시킨다. 따라서 무대로부터 아무리 멀어져도, 그리하여 공연자로서의 자아만이 남는 장소에 이른다 해도, 그 자아에는 공연이 일으킨 변화의 흔적이 남아 있다. 그러니 크리스토퍼가 그토록 찾아 헤맸던 진정한 나는 관념으로만 존재할 뿐이다. 대학을 졸업할 때까지 이십 몇 년 동안 누리던 것을 버리고 떠난 여행에서 그는 완전히 새로운 환경에서 새로운 사람들을 만났고 비로소 행복해 보이는 듯했지만 잠깐뿐이었다. 그는 그 관계들을 뒤로하고 또다시 아무도 없는 곳을 향한다. 어떤 관객도 동료 배우도 찾을

• 어빙 고프먼, 진수미 옮김,《상호작용 의례》, 아카넷, 2013, 43쪽.

수 없는 그곳에서 거울에 비친 자기 자신을 들여다보며(비유적인 표현이 아니다) 이렇게 '공연'한다.

> 넌 어디든 갈 수 있어. 돈도 권력도 모두 허상이야. 넌 여기에 있을 수 있어. 너와 나 둘이서.

사회가 존재하지 않는 곳에서 수행할 어떤 공연도, 의식해야 할 어떤 관객도 없는 지경에 이르렀을 때, 크리스토퍼가 마주한 것이 진정한 나였을까. "우리는 언제나 자기를 연기하며, 심지어 일기를 쓸 때도 그러기 때문에 진정한 우리 자신이 어떠한지 결코 알 수 없다."• 아이러니하게도 그는 죽음을 예감하며 남긴 마지막 메모에 스스로 부여한 이름 '알렉산더'가 아니라 '크리스토퍼'라는 이름을 남긴다. 그는 다시 사회가 부여한 자신의 자리로, 바로 그 이름으로 돌아간 채 죽는다.

스스로 납득할 수 있는 배역

공연된 자아와 공연하는 자아는 결코 일치할 수 없다. 그 둘은 애초에 다른 차원에 존재하기 때문이다. 한쪽이 물리적 실체를 가

• 김현경,《사람, 장소, 환대》, 문학과지성사, 2015, 89쪽.

진 현실에서 작동한다면, 다른 한쪽은 의도나 관념, 의지와 판단, 상상과 서사의 차원에 존재한다. 현실에서 작동하는 쪽은 공연된 자아다. 한 차원의 것이 다른 차원의 것으로 이동할 때, 필연적으로 편집되고 해석되며, 일부는 버려지거나 더해진다. 그 둘 사이의 이 피할 수 없는 차이가 불편하게 느껴진다면, 둘 사이의 불일치 때문이 아니다. 공연된 자아가 오른 무대와 맡은 배역을 공연하는 자아가 납득할 수 없기 때문이다. 모든 사람이 여러 개의 무대에서 여러 배역을 공연하며 살아간다. 그 배역 중 유난히 진정한 나와 부합한다고 느끼는 것이 있을 테고, 또 유난히 그렇지 못하다고 느끼는 것이 있기 마련이다. 그러나 이런 차이는 끝끝내 확인할 수 없는 진정성의 정도로 매겨지는 것이라기보다는 각 역할의 이미지, 그 역할의 논리를 스스로 얼마나 수긍하느냐로 결정된다.

신실한 신앙심을 가지고 교회 공동체에서 리더십을 발휘하는 사람은 교회에서의 자신을 가장 자랑스러워할 것이며 그 모습이 진정한 나에 가깝다고 생각할 것이다. 자기 직업에 자부심을 갖는 여성이 명절마다 이름 없는 '며늘아기'가 되어 부엌 한구석에서 하루 종일 전을 부쳐야 한다면, 명절날의 자신을 진짜 나의 모습으로 여길 리 없다.

일상에서 수행하는 모든 역할을—가족 내에서의 역할부터 직장에서의 역할, 심지어 소비자로서의 역할이나 동네 주민으로서의 역할까지—진정한 나와 견주어보는 사람은 별로 없다. 문제는 그 역할들을 유기적으로 종합한 총체로서 자신의 삶을 어떤 식으로 바라보고 있느냐다. 정체성, 자기 서사의 중심으로 삼을 수 있는 배역(들)이 있는지, 그 배역에서 자신이 수행하는 역할과 대본을 납득할 수 있는지가 중요하다. 그리고 그 역할이 연기하는 대본에서 얼마나 통제력을 발휘할 수 있는지에 따라 '나'는 좀 더 진정해진다(납득할 수 없는 대본을 연기할 때, 자신이 싫어하는 그 역할의 내가 '진정한 나'가 아니라고 생각하는 것은 어쩌면 자연스러운 방어기제일 것이다. 동시에 그 공연을 보고 있는 관객에게 호의적일 수 있는 사람도 드물 것이다). 자아는 원래 여러 역할로, 여러 가면으로 조각나 있다. 그 조각들을 이어 붙여 스스로 납득할 만한 정체성을 만들 수 없을 때, 그 조각들을 가짜라고 생각하게 된다.

크리스토퍼가 새로운 자기 자신과 만나고 싶었다면, 보지도 듣지도 못하는 돌멩이와 대화할 게 아니라 이전과 다른, 스스로 납득할 수 있는 공연과 배역을 찾았어야 했다. 지금의 관계들로부터 도망쳐 온전히 혼자가 되었을 때 그곳에서 만나게 되는 것은 과거의 공연들이 남겨놓은 흔적이 아니었을까. 찾아야 할 것은 '진정한 나'가 아니라 나 자신이 더 나은 사람이라고 느낄 수 있도록 해주는 다른 무대 위의 다른 배역이었을 것이다. 그 안에서 비로소 공연된 자아와 공연하는 자아는 화해할 수 있다.

우연성과 자율의 조건

전통적인 의미의 전문성을
어떻게 갖추느냐보다는
자신만의 탁월성을 어떻게 만드느냐가
더 중요한 문제다.

2017년 11월 25일부터 이틀 동안 서울 성수동에서 '리워크
RE:WORK'라는 이름의 컨퍼런스가 열렸다. 옮기자면 '일에 대한'
컨퍼런스라고 할 수 있는 이 행사의 캐치프레이즈는 "전환, 실험,
노동"이었다. 이에 걸맞게 다양한 방식으로 일을 구성하고 실험
하는 사람 34명을 연사로 초청했다. 일의 내용은 제각각이었지
만, 공히 전통적인 직업에 얽매이지 않고 자신의 일을 조직하고
있거나, 그렇게 일하는 사람들을 위한 온라인 플랫폼이나 물리적
공간을 설계하고 운영하는 사람들이었다.

  기존 산업의 분류에 속하지 않는, 말하자면 일에 대한 메타적
논의의 장이었던 이 컨퍼런스에서는 무엇보다도 연사들의 다양
성이 눈에 띄었다. 연령대는 20대 중반부터 50대 초반까지를 아

울렸고, 고용 형태로는 스타트업의 창업자나 종사자, 대기업 및 중소규모 기업 종사자, 프리랜서뿐 아니라 이른바 n잡러와 디지털 노마드까지 포함되어 있었다. 업종으로는 IT 산업, 미디어 콘텐츠 산업, 건축업, 컨설팅업과 투자업, 여기에 기존의 분류법으로는 이름 붙이기 어려운 업종까지 다양하게 포진되어 있었다.

우연히 마주치는 기회들

나는 '어쩌다 전환의 기술'이라는 세션에 스피커로 참여했다. 이 세션에는 나 외에도 두 사람이 함께 마이크를 잡았는데, 《이상한 정상가족》을 쓴 김희경 작가와 씨프로그램이라는 벤처기부펀드의 엄윤미 대표였다. '어쩌다 전환'이라는 키워드는 우리 셋이 주기적으로 만나 뭔가 함께 해볼 프로젝트가 없을까 공상을 펼치곤 할 때 우리의 대화를 관통했던 주제다. 세 명 모두 '이직移職'으로 표현하기에는 부족한 업의 전환을 한 차례 이상 감행한 적이 있고, 앞으로도 우리 삶에 그런 전환이 더 있을 것이라는 막연한 예감을 품고 있는 사람들이기도 했다.

세션의 제목에서 알 수 있듯이, 세 명의 스피커는 우리의 전환이 면밀한 계획에 따라 이뤄진 것이라기보다는, 생각지 못했던 가능성과 만나는 바람에 '어쩌다' 이뤄진 것이라고 말했다. 비단 우리 세 명에게만 해당하는 이야기는 아니다.

미리 계획된 경로를 밟아 차근차근 전환이 이루어지는 경우는 드물다. 전환의 욕구나 필요가 닥쳤을 때, 대부분 먼저 '방황기'를 겪는다. 그 방황기에 우연히 만난 사람들, 우연히 마주친 기회들이 전환의 경로를 제시한다. 이미 존재하지만 아직 발견하지 못한 최적의 답을 찾는 것이 아니라, 일상의 경로 안에서 마주치는 경험과 관계망 안에서 자신의 선호와 기준에 따라 하나의 답을 만들어가는 것이 '어쩌다 전환의 기술'이라 할 수 있을 것이다. 그리고 이 기술에는 우연성에 열려 있는 방식으로 일과 관계를 조직하는 삶의 태도와 구체적 지침들이 포함된다.

경력과 전문성

객석을 빼곡히 채운 청중 중 한 명이 던진 질문은 전문성에 대한 것이었다. 직업적 안정성이 보장되지 않는 시대에 경력에 대해 전환의 가능성을 열어두는 유연한 태도가 전문성을 구축하기에는 적절치 않다고 간주되기 때문일 것이다. 우리의 의견은 조금씩 다르긴 했지만, 공히 변화하는 전문성의 개념을 향하고 있었다. 한 가지 일에 오랜 시간을 보내면서 직종의 이름으로 전문성을 쌓는 방식은 하나의 자격 획득으로 경력 전체를 보장받을 수 있던 시대에나 유효한 것이다. 물론 여전히 그런 전략이 통하는 분야가 있는 것이 사실이지만, 그런 분야의 수는 급속도로 줄어들고 있으며, 원한다고 모두에게 그런 전략을 추구할 기회가 허락되는 것도 아니다.

나는 "전통적인 의미의 전문성을 어떻게 갖추느냐보다는 자신만의 탁월성을 어떻게 만드느냐가 더 중요한 문제"라고 답했다. 전문성이 한 가지 이름의 직업과 결부되는 것이라면, 탁월성은 일을 바라보는 접근법, 다양한 분야로 확대할 수 있는 중심 기술과 연결된다. 중심 기술은 사실 하나의 서사이자 이름 붙이기다. 기자였다가 번역가이자 작가로 일하고, 또 비영리단체의 권리옹호부장에서 사업본부장을 거친 김희경 작가는 자신의 중심 기술이 "정보를 구조화하는 것"이라고 말했다. 직업과 직위는 계속 바뀌었지만, 정보를 구조화하는 것이 언제나 자신의 일이었다는 것이다.

크고 작은 다양한 시도를 거듭하며 '우연히' 다음 단계를 발견할 수 있는 가능성에 자신을 열어두는 것, 그 과정에서 자기 자신에게 어울리는 것을 '스스로' 판단하고 찾아가는 것. 전통적인 이름으로 담을 수 없는 파편적 경험들을 관통하는 '이름'을 붙이고 말하는 것. 어쩌면 이런 조언들은 유동성이 불가피한 현실에 맞춰 진화한 자기계발의 복음처럼 들릴지도 모르겠다. 그러나 이런 삶의 방식이 이틀에 걸쳐 논의되는 가운데, 기본소득을 주제로 다루는 세션을 마련한 것은 의미심장하다.

우연성과 자율을 권하는 목소리가 업데이트된 자기계발과 다른 것이 되려면, 사회 안전망이 어떤 식으로 존재해야 하는가를 함께 논의해야만 한다. 일과 삶의 기획이 달라지려면, 그 안전망 역시 이제껏 당연하게 전제되어온 노동의 문법, 가족주의의 문법을 넘어서는 것이어야 한다. 누구에게나 조건 없는 최소한의 안전망이 필요하다. 그렇지 않다면 이 모든 우연성과 자율에 대한 이야기는 그래도 형편이 좀 나은 사람들에게만 유효한 이야기라 해도 할 말이 없기 때문이다. 내가 모두에게 조건 없는 기본소득을 보장하는 사회를 원하는 이유이기도 하다.

전문성이 아닌 탁월성

전문성이 외부로부터 주어지는 인정이라면,
탁월함은 자발적인 동기부여를 통해
스스로 쌓아가는 역량이다.

직장생활을 하면서 어느 순간 내 안에 교복 입은 학생이 있어서 '이 일은 몇 점짜리일까', '칭찬받을 수 있을까'라며 스스로를 붙잡고 있다고 느꼈다. 내 안의 교복 학생을 떠나보내고 마음껏 백지에 쏟아낼 때, 그때가 창의의 시작이라고 생각한다. 삶을 걸고 사회를 바꿔가는 이들이 주변에 분명히 있다. 그들로부터 변화는 시작한다.[•]

앞서 여러 차례 소개한 씨프로그램 엄윤미 대표가 〈조선일보〉와의 인터뷰에서 했던 이야기다. 인터뷰 기사를 읽고 엄윤미 님

[•] 최보윤, "내 안의 교복학생 떠나보내니… '벤처 자선' 아이디어 샘솟아", 〈조선일보〉, 2018년 3월 23일.

에게 '내 안의 교복 입은 학생'에 대해 물었다. 나도 언제나 그 교복 학생과 씨름을 하고 있기 때문일까, 이 구절이 인상에 깊이 남았던 터였다. 언제 자기 안에 있는 교복 입은 학생을 발견했느냐는 질문에 그는 이렇게 답했다.

"어떤 팀을 리드하는 입장이 된 후 계속 느꼈던 것 같아요. 처음 프로젝트 팀장을 맡았을 때 '나 스스로 이 답이 맞다고 믿는가'와 '디렉터가 어떻게 생각할까' 중에 어떤 질문을 먼저 고민할까 돌아본 적이 있어요. 그러면서 나는 아직 내 머리로 생각하지 않고 있나 싶기도 했고요.

맥킨지라는 모범생 조직 안에도 교복 입은 학생 같지 않게 일하는 사람들이 있었거든요. 딱 보면 알 수 있었어요. 그런 사람들이 정말 멋있게 보였는데, 나와 뭐가 다른가 생각해보면 그 사람들은 점수를 받기 위해서가 아니라 스스로 풀고 싶은 문제를 해결하기 위해서 일하더라고요. 탁월하게 일을 하기 위한 자기만의 기준을 가지고 있는 사람들이었죠."

탁월하게. 이 단어가 내 눈길을 잡아끌며 튀어 올랐다. 전문성이 아니라 탁월함이 필요한 시대라는 생각을 해오던 터이기도 했다. 전문성이 외부로부터 주어지는 인정이라면, 탁월함은 자발적인 동기부여를 통해 스스로 쌓아가는 역량이다.

《내리막 세상에서 일하는 노마드를 위한 안내서》를 쓴 후, 강의에서 또 개인적인 만남에서 많이 받은 질문 중 하나가 '전문성'에 대한 것이었다. 하나의 이름으로 설명되는 직업이 아니라 여러 가지 일로 구성된 포트폴리오를 내 직업 삼아 살고 있다는 글 때문이었을 것이다. "그래도 10년 넘게 직장생활을 하면서 쌓은 전문성이 있으니까 그렇게 살 수 있는 것 아니냐"라고 묻는 사람이 정말 많았다. "이제 직장생활을 시작한 지 1년(혹은 2년, 3년)인데 어떻게 하면 전문성을 쌓을 수 있을까요?"라는 질문도 자주 받았다. 언젠가 트위터에서 자신이 두려워하는 것 중 하나로 "전문성이라는 게 무엇인지 이해하지 못한 채로 30대 중후반에 접어드는 것"을 꼽은 글을 본 적도 있다.

요즘 나는 이런 이야기 속 '전문성'이 있는 자리에 '디딤돌'이라는 단어를 바꾸어 넣어 읽는다. 그러니까 사람들이 원하는 건 전문성이라기보다는 어디를 가든 커리어를 지탱해줄, 혹은 다음 단계로 나아갈 수 있게 하는 디딤돌 같은 것이다. 그리고 한 개인이 스스로 마련할 수 있는 디딤돌 중에 가장 쉽게 떠올릴 수 있는 것이 전문성이고, 그러니 많은 사람이 전문성에 대해 갈증을 느끼는 것일 테다.

하지만 자의로든 타의로든 한곳에 오래 머물며 일하는 사람이 흔치 않은 시대다. 전문성을 원하는 사람은 많은데 전문성은 점점 더 닿기 어려운 도착지가 되고 있다. 전문성은 오랜 기간 한 우물을 판 사람에게 주어지는 훈장 같은 것이기 때문이다. "그 분야의 전문가는 아무개지"라는 식으로 전문성의 훈장이 주어진다.

여기에서 필요한 조건은 두 가지다. 하나는 '오랜 기간'을 보냈다는 것이고, 다른 하나는 그 오랜 기간이 '시스템이 인정하는 내부에서 보낸 기간'이어야 한다는 것이다. 오랜 기간도, 시스템의 내부라는 것도 분야에 따라서 그 의미가 조금씩 다르기 마련이다. 하지만 전문가라는 호칭은 대체로 사후적인 평가라기보다는 사전적인 인정이라는 점에서 이 두 가지가 전문성의 조건인 것만은 분명하다. 사람들은 누군가와 직접 일해보기 전에 이력서의 몇 줄, 그러니까 '어디'에서 '얼마나 오래' 그 일을 했느냐를 가지고 전문가인지 아닌지 판단한다. 시스템의 교복을 입고 차곡차곡 모범생으로 보낸 시간의 총량이 전문성의 훈장으로 환원되는 셈이다. 이렇게 전문성이라는 이름의 디딤돌은 한곳에서 오래 일할 기회를 누리기 점점 더 어려워지는 시대에 딱 그만큼 점점 더 희소한 자원이 된다. 이런 식으로 규정되는 전문성은 불가피하게 배타적이고 제한적일 수밖에 없다.

자기 목표를 가진 사람

그에 반해 탁월성은 누구에게나 열려 있지만, 그럼에도 더욱 가지기 어려운 것이다. 탁월성을 추구하는 데 필요한 자격 조건 같은 것은 없지만, 시스템의 내부에 안착해 그저 시간을 쌓는 것만으로 탁월성을 획득할 수 있는 것도 아니기 때문이다. 조직이 무엇을 요구하는지, 남들이 어떻게 평가하는지와 별개로, 자기만의 만족 기준, 달성하려는 목표를 가진 사람이 탁월성을 만들어낸다.

탁월성은 또한 자신이 해온 일, 하고 있는 일을 어떻게 반추하며 자신만의 시각으로 해석하는가의 문제이기도 하다. 같은 일을 해도 그 일의 경험을 통해 써내려갈 수 있는 이야기는 사람마다 다르다. 얼핏 보아 파편적이고 불연속적인 경험을 통해서도 일관되고 의미 있는 이야기를 써내려갈 수 있는 사람은 자기 기준을 가지고 있고, 그 기준에 맞춰 자기 일의 경험을 스스로 해석할 수 있는 사람이다. 그런 사람이 만들어내는 탁월성은 전문성으로 치환되지 않더라도 굳건한 디딤돌이 되어준다. 탁월성의 세계는 교복 입은 학생의 세계와 다르다. 탁월한 사람이 언제나 좋은 점수를 받는 것은 아니다. 한 조직 내에서 가장 먼저 승진하고 가장 좋은 고과를 받는 사람이 언제나 가장 탁월한 사람이란 법은 없다는 의미다. 스스로 탁월성을 향해 움직이는 사람은 자기 목표를 향해 자기 기준으로 일을 하는 사람이고, 그렇게 일하는 사람은 외부의 훈장이 주어지기 '전에' 스스로 자기 일의 보상을 누린다.

전문성이라는 디딤돌이 정적인 것, 자격증이나 회사 타이틀, 직책의 이름을 획득하기 위해 한참 머물러야 얻어지는 것이라면, 탁월성은 끊임없이 이것과 저것을 조합하고, 그 모든 경험을 관통하면서 만들어내는 자신만의 역량이자 고유한 스토리일 것이다. 1~2년짜리 계약직만이 가능한 선택지일 때, 그게 아니더라도 이 직장에서 3년 이상은 일하기 어렵겠다는 전망이 들 때, 혹은 처음부터 프리랜서의 길로 뛰어들었을 때, 이런 경험을 통해서라도 디딤돌을 만들어낼 수 있는 방법은 무엇일까?

전문성에 대한 질문을 받을 때마다 언제나 머뭇거렸다. 전문성의 자리에 '디딤돌'이라는 단어를 넣고, 그 디딤돌을 전문성과는 다른 종류의 탁월성으로 채워야 한다는 말은 어쨌든, 나의 제한된 경험 안에서만 유효할지 모른다는 의심이 들었기 때문이다. 어쨌든 나는 지금과는 사뭇 다른 분위기였던 2000년에 경력을 시작한 사람이니까. 그래서 프로 n잡러이자 1980년대생인 홍진아 님에게 물었다. 당신이라면 어떻게 답하겠느냐고. 그의 대답은 이랬다.

"분절적인 경험밖에 할 수 없다면, 나는 여기서 뭘 얻어갈 수 있을지 먼저 생각해야겠죠. 그리고 일하는 과정에서 계속 개인적인 결산을 해나가는 거죠. 그러니까 조직의 목표와는 별개로, 개인적인 층위 안에서 목표 설정이 되어 있고, 그 목표에 따라 계속 점검해야 한다는 거예요. 일의 경험을 자기 방식으로 해석하지 못하면, 자기 언어가 없이 분절적 경험만을 가진 상태로 머물 수밖에 없으니까요. 보편적으로 인정받는 간판을 획득하고, 그 간판으로 자신의 경험들을 이해받을 수 있는 상황이 아니라면, 스스로 언어를 만들고 자신의 경험들을 해석할 수 있는 틀을 규정해 나가는 것 외에 방법이 없어요. 꼭 원대하게 해석을 하라는 의미는 아니에요. 크건 작건 스스로 만든 해석의 틀이 없으면 계속 분절된 자신으로 사는 고통을 겪을 수밖에 없으니까요. 내가 여기에서 일하는 이유를 사장님이 정하게 하지 말라고, 자기 스스로 정한 방향으로 계속 생각하라는 이야기를 해주고 싶어요. 물론 어려운 일이지만요."

탁월성을 만드는 힘은 필요 이상을 쏟아 붓는 것

CBS 〈김현정의 뉴스쇼〉를 진행하는 김현정 PD는 "필요 이상을 쏟아 붓는 시기가 필요하다"고 조언한다. 2017년 여름 롤링다이스에서 기획했던 '여성의 일 새로고침' 연속 강연에서 한 청중이 "저는 미래 걱정까지 가기도 전에 당장 일을 잘 못해서 문제입니다. 어떻게 하면 일을 잘할 수 있을까요?"라고 물었다. 김현정 PD는 처음 시사 프로그램을 진행했을 때를 회고했다. 10분짜리 인터뷰를 위해 밤을 꼬박 새워가며 준비했다고 한다. 그런 시기를 지나고 보니 어느 순간 웬만한 주제는 한 번씩 파고든 적이 있는 것이더라고 했다. 그렇게 자신도 모르게 내공이 쌓였고, 이제는 밤을 새워 준비하지 않아도 비슷한 수준의 인터뷰를 할 수 있게 되었다고. "제가 (앞서) 100만 원 받는다고 100만 원어치만 일하지 말라고 그랬잖아요. 작은 일을 크게 해보세요. 어느 순간 내공이 쌓여서 큰일을 하는 데도 고생은 작은 날이 올 겁니다."•

• 김현정 외, 《여성의 일, 새로고침》, 닐다, 2017, 153쪽.

나에겐 '내 삶의 신조'라고 농담처럼 말하곤 하는 그래프가 하나 있다. 실은 일을 하면서는 아니고, 스키를 타면서 갖게 된 믿음이다.

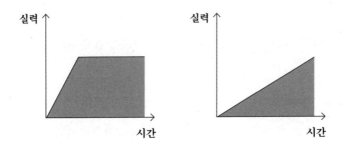

x축을 시간, y축을 실력이라고 하면, 좌표면상 직선의 기울기는 고됨의 정도다. 같은 시간 안에 빠르게 실력을 늘리려면, 더 고되기 마련이란 의미다. 그런데 이 직선 아래의 면적은 즐거움의 양과 같다. 좌측의 경로를 따르면, 초반에는 더 고되지만 같은 시간 동안 누릴 수 있는 즐거움의 총량이 크다. 우측의 경로를 따르면, 고된 시기를 겪을 필요는 없지만 즐거움의 총량은 작다. 나는 이 그래프를 보여주면서 "이왕 배울 거면 빨리 배우는 게 낫지. 그래야 빨리 최대한의 즐거움을 누릴 수 있으니까"라고 말하곤 한다. 나는 기왕이면 좌측의 그래프처럼 살고 싶다고 생각한다. 초반에 쏟아 붓는, 어찌 보면 과잉의 노력이 결국 즐거움의 총량을 늘릴 것이라고 믿는다고 할까. 초반의 이 급속한 성장의 직선을 만들어내는 것은 외부의 기준이라기보다는 대개 자기 스스로의 동기

부여다. 빨리 알고 싶다는 호기심이든, 능숙함을 통해 빨리 자유로워지고 싶다는 열망이든, 내 마음속 저 목표점에 빨리 닿고 싶다는 욕심이든.

이 이야기를 일의 현장으로 가져와 일을 고용주와 나 사이의 거래 관계로 생각하면, 과잉의 노력을 쏟아 붓는 시간을 셀프착취라고 해도 딱히 틀린 말은 아닐 수도 있다. 하지만 크건 작건 스스로 목표를 정하면, 고용주와 나 사이의 제로섬 게임 바깥에 내 일의 또 다른 층위가 생겨난다. 과잉의 노력을 쏟아 붓는 것은 고용주에게 필요 이상의 노동력을 갖다 바치는 일일 수도 있지만, 내 삶에서 개인적 충만함을 위한 기울기를 만들어내는 일이기도 한 것이다. 가파른 기울기의 짜릿함을 맛본 사람은 다른 경험에 직면해서도 그런 기울기를 추구한다. 가파른 기울기는 즐거움의 총량을 늘린다. 즐거움은 탁월함의 다른 이름이다. 무엇이 즐거운지는 나만이 정할 수 있고, 탁월함 또한 그렇다.

5

좋은 일을 하는
좋은 사람

혼자 일하는 외로움

먼저 시작한 사람은 나중에 온 사람들에게
공과 과가 모두 들어 있는 일의 경로를 보여줄 수 있어야 한다.
그래야만 실패가 개인적인 시행착오로 끝나지 않고
공동의 자산으로 진화한다.

새로운 일을 시작한 요즘, 첫 직장에서의 일들이 자꾸 떠오른다. 처음 1~2년쯤은 끊임없이 미팅에 끌려 다녔다. 직종의 특성 때문에 유난히 미팅이 많았다. 팀 내부에서 의사결정을 하는 미팅뿐 아니라 고객사의 관계자들로부터 의견을 듣고 우리 생각을 설득하는 미팅, 내외부 전문가들로부터 정보와 의견을 구하는 미팅, 그리고 그런 미팅들을 준비하는 미팅 등등.

아직 신참이었던 내가 꼭 참석해야 하는 미팅은 많지 않았을 것이다. 그럼에도 상사들은 가급적 모든 미팅에 참석하게끔 했다. 그 바람에 낮 시간 대부분을 미팅하느라 보내고 저녁이나 되어야 내가 맡은 일에 집중할 수 있는 날이 많았다. 가만히 듣기만 하는 미팅이 적지 않았고, 의견을 말했더라도 첫 1~2년 동안 내 의견이 중요한 경우는 거의 없었을 것이다. 그래서인지 그때는 정말 미팅들에 '끌려 다닌다'고 느꼈다.

그로부터 많은 시간이 흘렀고, 사회적으로나 개인적으로나 일하는 환경이 무척 달라졌다. 지난 몇 년 사이 나는 많은 경우 조직에 속하지 않은 채 일했고, 팀이 있더라도 유연한 프로젝트 조직일 때가 대부분이었다. 그리고 이런 식으로 일하는 사람들을 많이 만났다. 나도 그들도, 정말 많은 일을 혼자 처리하고, 많은 미팅에 혼자 참석한다. 함께 일하는 팀이 있을 때에도 비슷한데, 여럿이 미팅에 참석할 만큼 자원이 넉넉하지 않기 때문이다.

그런데 혼자 일하면 일할수록 불필요하다고 생각했던 수많은 미팅의 경험이 나중에 쓸 수 있는 총알처럼 내 안에 축적되었다는 것을 느끼곤 한다. 특히 생소한 일을 하게 되었을 때, 예상치 못한 역학관계가 펼쳐질 때, 사람들의 이해관계가 충돌하는 한복판에 있을 때, 과거에 보았던 수많은 사례 중 어떤 장면들이 떠오르며 나를 이끌어주곤 한다.

성공적이었던 미팅과 엉망진창이었던 미팅, 하나마나였던 미팅들이 내게 어떤 식으로든 스며들어 있다는 것을 깨닫는다. 각양각색의 상사들과 일했고, 그들이 제각각의 방식으로 상대를 설득하거나 정보를 얻어내려 시도하고, 그 시도에 성공하거나 실패하는 모습을 가감 없이 보았다. 그리고 지금은 나를 그렇게 '끌고 다닌' 것이 그들에게도 수고로운 일이었으며, 그들이 그렇게 수고하게끔 이끈 배경에는 조직의 의지가 있었다는 것을 깨닫는다.

그건 조직의 투자였고, 조직에겐 그 정도 투자를 할 수 있는 자원이 있었던 것이다. 당시 업계는 좋은 시절을 누리고 있었다.

그렇게 축적한 총알이 있더라도 일이 늘 잘 풀리는 것은 아니다. 생소한 일을 붙들고 맨땅에 헤딩을 하며 이런저런 미팅에 홀로 얼굴을 들이밀다 보면, 절반쯤은(그것도 운이 좋으면) 삽질을 했다는 자조에 빠지곤 한다. 그러면서 이런 삽질도 봐주는 이가 있다면 경험이 될 테고, 반면교사로나마 배우는 게 있을 텐데, 홀로 하는 삽질은 그냥 삽질일 뿐이라는 생각에 허탈해진다. 모든 일이 성과를 낼 수는 없다. 해보지 않은 일을 시도할 때라면 더욱 그렇다. 나는 유연하고 자유롭게 일하는 것을 좋아한다. 하지만 미완이나 실패 속에서 과정 중의 발견이나마 함께 나눌 사람이 없다고 느낄 때, 깊은 외로움을 느낀다.

경험을 자산으로 축적하는 방법

오해를 피하기 위해 덧붙이자면, 한 세대에서 다음 세대로 가르침을 넘기자는 이야기가 아니다. 선배들을 보며 알게 모르게 배우는 경험을 칭송하려는 것도 아니다. 각 개인에게만 머물러 있으면 흩어지고 말 사건들이 함께 일하는 모두에게 자산으로 축적되는 방법을 고민하는 것이다. 먼저 시작한 사람은 나중에 온 사람들에게 공과 과가 모두 들어 있는 일의 경로를 보여줄 수 있어야 한다. 그래야만 실패가 개인적인 시행착오로 끝나지 않고 공동의 자산으로 진화한다.

내가 예전에 경험했던 배움과 축적의 방식이 여전히 통하는 곳은 많지 않을 것이다. 구성원 전부가 일의 프로세스 전체를 가능한 한 날것 그대로 경험하고, 그 과정에서 암묵적으로 배움과 축적이 일어나도록 하는 것은 비효율적일 수 있다. 그렇지만 비효율적이나마 작동하던 방식이 사라진 자리를 채울 새로운 방식을 나는 아직 만나지 못했다. 그래서 경험들은 흩어지고, 한 명에겐 실패일지 모르나 다음 사람에게는 디딤돌이 되는 일을 보기가 어렵고, 그래서 아쉽다. 내가 모르는 어떤 곳에서 과거와 다른 방식으로 경험을 공동으로 축적하고 배움을 교환하는 일이 이미 벌어지고 있을 것이라고 믿는다. 나도 그 새로운 방식을 배우고 싶다.

좋은 사람이 되게 하는 일

좋은 사람이 되기 위해 일을 하는 것은 아니지만,
일을 잘한다는 것이 궁극적으로
더 좋은 사람이 되게끔 이끌어주지 않는다면
굳이 일을 잘하려고 애쓸 필요가 있을까.

"우린 친구를 만들자고 여기서 일하는 게 아니야We are not here to make friends."

글로벌 컨설팅 회사였던 첫 직장의 서울 사무소에서 가장 똑똑한 사람을 꼽으라면 열에 다섯 명이 그를 꼽았을 정도로 샤프한 파트너가 있었다. 그 사람이 했던 말이다.

직설적으로 옮기자면, 우리가 듣기 좋은 소리나 하라고 돈 받으면서 이 일을 하는 게 아니라는 의미였다. 회의 도중 화이트보드 앞에 서서 단호한 목소리로 이 말을 하던 파트너의 얼굴을 기억한다. 프로젝트 결과가 클라이언트가 듣고 싶어 할 이야기가 아니었기에 이런 결과를 곧이곧대로 보고해도 좋을지를 두고 논쟁이 벌어졌고, 그 파트너가 냉정한 얼굴로 했던 말이다. 실은 그 사람은 거의 언제나 그런 표정이었다. 가끔 심한 말을 하기도 했지만, 합리적이었고 무엇보다 똑똑한 사람이었기 때문에 나는 그와 함께 일하는 게 좋았다.

나는 그때 저 말에서 묘하게도 큰 위로를 받았다. 어렸고, 클라이언트와 많이 부딪히며 일하던 때였다. 나는 재무 분야의 프로젝트를 많이 맡았는데, 당시는 외환위기의 여파로부터 이어진 구조조정 프로젝트들이 쏟아지던 시절이었다. 각 사업의 재무 상태와 전망을 분석하고, 이 중 무엇을 매각해 정리해야 할지를 결정하는 프로젝트를 여러 번 진행했다. 그런 프로젝트를 하러 들어온 컨설턴트들을 곱지 않은 시선으로 보는 사람이 많은 것은 당연했다. 특히 정리될 가능성이 높은 계열사나 사업부에 속한 사람들은 노골적으로 적의를 드러내기도 했다. 당연히 필요한 정보를 얻는 일은 쉽지 않았고, 그 과정에서 밀고 당기는 논쟁은 일상적인 일이었다. 대놓고 험한 말을 듣는 경우도 적지 않았다. 나쁜 사람이 되지 않고는 일을 제대로 해낼 수가 없었다. 상처 받는 일의 연속이었고, 몸보다 마음이 지치고 힘든 시기였다.

그런 때였던 만큼, 우리의 역할은 친구를 만드는 게 아니라는 말이 머릿속에 날아와 박혔다. 내가 좋은 사람이 되기 위해 일을 하는 것은 아니다, 나는 그저 일을 하러 왔다고 마음을 다잡았다. 이후로도 오랫동안 상대에게 듣기 싫은 말을 전하는 역할을 맡을 때마다 이 말을 떠올렸다.

내가 좋은 사람이 되기 위해 일을 하는 것은 아니다. 이 생각은 여전히 유효하지만, 일을 잘하는 것과 좋은 사람이 되는 것이 별개의 문제이거나 심지어 충돌하게끔 하는 일이라면, 그런 일은 웬만하면 하지 않는 편이 낫다는 생각도 하게 되었다. 동시에 좋은 사람이 되는 것이, 상대방에게 듣기 좋은 소리만 하는 것을 의미하지는 않는다는 것도 이제는 안다. 얼굴 붉힐 일을 만들지 않고 '안 됩니다'라는 말을 피하는 것은 가장 손쉬운 선택이고 자기 자신에게 유리한 결정이기도 하다.

어쩌면 클라이언트와의 싸움에 지쳐 있던 그때, 나를 힘들게 했던 것은 상대가 듣기 싫어하는 말을 해야 한다는 사실이 아니라, 그 말을 해야 하는 이유를 나 자신이 충분히 납득하지 못했기 때문일지도 모른다. 일이 되게 하려면 '나쁜 사람'의 역할을 해야 한다는 데는 동의했지만, 그 '되어야 하는 일'의 순리에 대한 의심이 어렴풋이 들었을 것이고 그 일이 줄 상처 또한 알고 있었다. 그 일이 전부 자연스럽고 결국은 좋은 일이라고 확신할 수 있었다면, 지금 해야 할 '나쁜 사람'의 역할이 궁극적으로 '좋은 사람'이 되는 것과 충돌한다고 생각할 필요는 없었을 것이다.

좋은 사람이 되기 위해 일을 하는 것은 아니고, 더구나 특정한 누군가에게 좋은 사람이 될 필요는 없겠지만, 일을 잘한다는 것이 궁극적으로 더 좋은 사람이 되게끔 이끌어주지 않는다면, 굳이 일을 잘하려고 애쓸 필요가 있을까. 물론 '좋은 사람'이 된다는 게 무엇을 의미하는지는 사람마다 다른 방식으로 답할 수 있을 것이다.

일에서의 훌륭함과 삶의 온전함

2017년을 마무리하는 즈음 《시모어 번스타인의 말》을 읽었다. 피아니스트이자 작곡가인 시모어 번스타인은 연주자로서 최고의 경력을 쌓아가던 중, 50세의 이른 나이에 대중 공연에서 은퇴하고 그 후로 지금까지 작곡과 실내악 연주, 무엇보다 학생들을 가르치는 일에 매진하고 있다. 그의 인터뷰를 모은 이 책은 그가 여든여덟 살 되던 해에 출판되었는데, 그로부터 4년 전에는 영화배우 에단 호크가 연출한 다큐멘터리 영화 〈시모어에 대한 소개〉가 개봉되기도 했다.

영화에는 방 한 칸 딸린 소박한 아파트에서 57년째 단순한 일상을 살아가는 시모어의 모습이 고스란히 담겼다. 시모어가 80대의 나이에도 여전히 피아노를 연습하는 모습, 젊은 학생들에게 연주를 지도하는 모습, 에단 호크의 극단을 위한 공연에서 연주할 피아노를 신중하게 고르는 모습, 그리고 친구들 혹은 과거의 제자들과 대화를 나누는 모습이 영화의 러닝타임을 채운다. 책과 영화에서 시모어는 마음에 담아두고 싶은 말들을 정말 많이 하는데, 그중에서도 특히 이 말에 깊이 공감했다.

열다섯 살 때 내가 연습을 잘해서 뭔가를 성취하고 나면 피아노에서 물러날 때 나 자신에 대해 뿌듯한 기분이 들었습니다. 그런 순간들을 겪으면서 삶의 다른 일들이 내가 연습하면서 겪는 일에 영향을 받는다는 생각을 했습니다. 특히 내가 사람들을 대하는 방식이 그랬어요. 연습이 제대로 되지 않으면 기분이 언짢고 죄책감이 들고 사람들에게 짜증을 냈죠. 그래서 피아노 연습과 삶 사이의 상관관계를 생각하게 되었습니다. 삶이 내가 하는 음악에 영향을 미친다면 그 반대도 가능하지 않을까?[*]

그들은(너무도 많은 음악가들은) 이런 통합을 음악적으로 이루고는 피아노에 두고 그냥 가버려요. 그러니 많은 이들이 인간적으로 망가지는 것이 놀랄 일이 아니죠. 그들은 음악적으로 이룬 통합을 일상의 삶으로 가져가는 데 실패합니다. 삶과 조화시킬 수 있는 통합을 말이죠.[**]

이 구절을 읽으면서 첫 직장에서 "친구를 만들자고 여기서 일하는 게 아니야"라는 말에 위로를 받았던 시절이 떠올랐던 것이다. 좋은 음악가가 되기 위한 모든 것이 좋은 사람으로서 살아가는 데 통합될 수 있고, 또 그래야만 한다는 시모어의 말은 지금 읽었기에 깊이 공감하게 되는 것 같다. 그리고 영화에 등장하는 시모어가 자신의 존재에 대해, 삶에 대해 진심으로 만족스러운, 그러나 으스댐 한 톨 없이 어린아이의 환희를 품은 얼굴을 하고 있어서 더욱 그랬다. 시모어에게 음악은 일에서의 훌륭함과 삶의

[*] 시모어 번스타인·앤드루 하비, 장호연 옮김, 《시모어 번스타인의 말》, 마음산책, 2017, 235쪽.
[**] 같은 책, 234쪽.

온전함 사이의 통합을 가능하게 해주는 것이고, 나도 그런 일을 그런 방식으로 하면서 살고 싶다.

나는 여전히 때때로 '나쁜 사람'의 역할을 하면서 일하고 있다. 하지만 상대가 듣기 싫어할 말을 하고도 예전만큼 마음이 불편하지는 않다. 이런 변화가 내 마음에 생긴 굳은살 덕분이라고 생각했는데, 이제 보니 꼭 그런 것만도 아니다. '어떻게 잘할 수 있을까'만을 생각하는 게 예전 직장들에서 내가 맡은 역할이었다면, 얼마 전부터는 '왜 잘해야 할까'를 함께 생각하지 않으면 안 되는 상황에 놓여왔다. 아니, 그럴 수 있는 상황을 스스로 선택해왔다는 게 정확한 표현일 것이다.

그 덕에 나는 오늘 내가 어떤 자리에서 나쁜 사람이 되었던 것이 궁극적으로는 좋은 사람이 되는 것에 가까울 수 있다고, 정신 승리일지 모를 생각을 하면서 하루를 끝맺을 수 있게 되었다. 미안한 마음이 없는 것은 아니지만, 막연한 죄책감이나 까닭 모를 혼란스러움을 느끼지는 않는다. 일은 내가 가장 많은 시간을 쏟는 대상인데, 일을 잘하는 게 좋은 사람이 되고 좋은 삶을 사는 것과 별개의 문제라면 얼마나 안타까운 일이겠는가. 당장 눈앞의 사람을 친구로 만들려고 일하는 것은 아니지만, 일을 잘한다는 게 좋은 친구가 될 수 있는 능력과 아무런 상관이 없다면 슬픈 일이 아닐 수 없다. 물론 나는 그냥 무던한 사람, 좋은 친구가 아니라 정확하고 효과적인 방식으로 좋은 사람이 되고 싶다. 목적에 동의하는 일에서 유능한 사람이 되는 것과 다르지 않은 일이다.

네 말을 들었어

내리막 세상에서 잃게 되는 것은
괜찮은 경제적 전망만이 아니다.
그와 결부되어 있던
온전한 성원권까지 위태로워진다.

첫 직장에서 함께 일했던 상사 한 분은 "I hear you"라는 말을 자주
했다. 내가 반론을 제기할 때, 불만을 표시할 때, 의견을 내놓을
때, 그분은 동의나 반대, 이해나 의문을 표시하기 전에 늘 "I hear
you"라고 말했다. 우리말로 옮기면 "네 말을 들었어" 정도일까. 너
의 말을 그냥 '소리'로서가 아니라 '메시지'로서 내가 들었어, 라
는 의미였을 것이다.

이 말에는 나의 토로에 묻어 있던 감정을 가라앉히는 효과가
있었다. 나지막하게 건네지던 이 말에 내 목소리도 낮아졌다. 그
순간 내가 제시한 의견이 더 이상 나의 것만이 아니라는 기분이
들었다. 내 말이 관철되느냐 마느냐가 그렇게 중요하게 느껴지지
않게 하는, 마법의 말이었다. 그녀는 내 말을 들었고, 그 말에 대

해 생각할 것이라고, 그래서 내 말은 이제 우리의 말이며, 내 말이
나오도록 이끈 문제를 그녀와 내가 함께 해결하게 될 것이라고
믿을 수 있었다.

임파워먼트-힘이 있는 상태

임파워먼트empowerment는 경영학의 조직관리 분야에서나 사회복
지학, 정치학에서 많이 쓰이는 말이다. 그 대상이 스스로 능력과
권한이 있다고 믿을 수 있게, 그 믿음에 따라 능력과 권한을 발휘
할 수 있게 해주는 것을 일컫는다. 이 단어를 풀어쓰자면 "힘power
이 있도록 해주기/ 힘이 있는 상태에 놓이도록 해주기" 정도일 것
이다. '권한 부여'라고 번역되곤 하지만, 제도적 권한을 넘겨주는
것보다는 더 큰 의미를 담고 있다. 이제 막 3년차에 접어든 내가
"I hear you"라는 말에서 느꼈던 것이 바로 임파워먼트의 감각이
었다.

2015년에 출간된 《사람, 장소, 환대》에서 저자 김현경은 사람
과 인간을 구분하여 "인간은 자연적 사실의 문제이지, 사회적 인
정의 문제가 아니"지만 "사람임은 일종의 자격이며, 타인의 인정
을 필요로 한다"라고 말했다. 여기서 인간을 사람이게 하는 것이
첫 번째의, 가장 본질적인 임파워먼트일 것이다.

힘은 단순한 개인적 역량이 아니라 사회라는 지평에서 발휘될

수 있는 동력이다. 자신이 힘을 가진 존재임을, 혹은 힘을 가질 수 있는 존재임을 자각하려면 힘을 발휘할 수 있는 장場이 내 앞에 놓여 있으며, 자신의 말이 그곳에서 들어진다는 암묵적 감각이 전제되어야 한다.《사람, 장소, 환대》의 개념을 빌리자면, 바로 자신이 그 사회의 구성원으로 속해 있다는 감각이다. 김현경은 이렇게 말한다. "사람임은 일종의 자격이며, 타인의 인정을 필요로 한다. (……) 어떤 개체가 사람이 되기 위해서는 사회 안으로 들어가야 한다. 사회가 그의 이름을 불러주어야 하며, 그에게 자리를 만들어주어야 한다."•

사람으로서의 성원권은 이름과 장소를 획득함으로써 생겨나는데, 이때의 이름과 장소는 형태가 없는 것이다. 그렇기에 이름과 장소가 있다는 사실은 다른 사람들의 인정을 통해서만 비로소 확인된다. 내가 속한 '사회'에 대한 감각은 따라서 이 사회의 다른 구성원들이 나의 이름과 장소를 인정해줄 것이라는 믿음에 기초한다.

내가 그냥 나로서, 어떤 자격 조건과 상관없이 구성원으로 인정받을 수 있는 관계의 범위가 얼마나 넓은가, 그 범위를 넓게 상상할수록 그 사람은 더 힘 있는 상태empowered일 것이다. 그는 자신이 그 범위 안에서 힘을 발휘할 수 있다는 것을 안다. 사람들은 내 이야기를 들어줄 것이며, 나의 좋은 행동 혹은 나쁜 행동은 그 범

• 김현경,《사람, 장소, 환대》, 문학과지성사, 2015, 31쪽.

위 안의 사람들에게 영향을 미칠 것이다. 나는 그 범위 안에서 내 삶을, 그리고 다른 누군가의 삶을 더 낫게도 더 나쁘게도 만들 수 있는 존재다. 바로 이런 믿음을 통해 한 인간은 '힘이 있는 상태'가 된다.

내 이야기가 들리는 공간

언젠가 다양한 주제의 유료 모임을 기획하는 분과 이런 이야기를 나눈 적이 있다. 강사가 있긴 하지만, 참석자들이 직접 자신의 이야기를 하는 데 많은 시간을 할애하는 모임이라고 했다. 이직이나 결혼, 연애, 노년 등 살아가면서 고민하게 되는 보편적인 사안들이 모임의 주제로 다뤄진다. 제법 비싼 돈을 주고, 어디에서든 쉽게 들을 수 있을 법한 이야기만 쏟아질 모임에 그렇게 많은 사람이 참석한다는 게 신기하다는 나의 말에 그는 이렇게 대답했다. "이야기를 들으러 오는 사람보다는 하고 싶어 하는 사람이 많아요."

단순히 감정을 토로하고 공감받고 싶은 욕구 때문은 아닐 것이다. 어쩌면 많은 대화에서 우리가 구하는 것은 설득이 아니라 인정일지도 모른다. 의견에 동의하거나 반대하기 전에 일단 내 말을 상대가 듣고 있다는 확인. 그 확인이 없어서 많은 사람들이 했던 말을 거듭하고, 거듭할 때마다 목소리만 높아지는 것 같다. "나는 네 말을 들었어." 너무나 당연한 것 같지만, 실은 전혀 당연하지 않은 말인 것이다. 어쩌면 돈을 내고 입장하는 그 모임이야말로 참가자들에게 이 말이 전제되는 몇 안 되는 장소였는지도 모르겠다.

여기에서 작동하는 것은 '들어주었으면' 하는 욕구, 다시 말해 자신의 사회를 갖고 싶은 욕구다. 우리는 많은 곳에 속해 살아가는 것 같지만, 사람들을 향해 나의 말을 하고 사람들은 그 말을 들어주는 공간이 별로 많지 않다. 내 말을 온전히 들어주지 않는 곳에서 나는 '사람'으로 자리를 부여받지 못하고, 기능 또는 역할로 자리를 채울 뿐이다. 그렇다고 해도 이런 모임에서처럼 돈을 주고 잠깐 '우리'가 되어 말을 하고 듣는 것은 근본적인 해결책이 아니다. 이때의 성원권은 돈을 낸 소비자에게 조건부로 주어진 것인 데다가, 무엇보다 일회적인 공간, 정해진 기간과 횟수가 지나고 나면 사라져버릴 공간에 대한 것이기 때문이다. 사람들은 그 자리에 개인으로 왔다가, 잠시 공간을 이루었다가, 다시 개인으로 돌아간다. 공간은 금세 흩어져버린다. 말은 뱉어지고 누군가 들어주었지만, 그 말은 공동의 공간에 축적되지 않는다.

불안과 무력감

모든 것이 하향곡선을 그리는 것처럼 느껴지는, 하루하루 버둥거려야 겨우 현상유지라도 할 수 있을 듯한 내리막 세상에서 우리가 주기적으로 맞닥뜨리는 불안과 무력감은 여러 층위에서 일어나는 감정이다. 하지만 그중 중요한 하나의 층위가 바로 '성원권'의 문제와 연결된다.

자신의 성원권에 조건이 붙어 있다고 인지할 때, 그 조건이 까다롭고 많아서 언제고 성원권을 박탈당할 수 있다고 생각할 때, 우리는 불안을 느낀다. 성원권이 역할이나 직위에 부여된 것이며, 그 역할이나 직위가 박탈되는 순간 성원권 또한 박탈될 것이라고 예상할 때, 우리는 불안을 느낀다. 이렇게 자신의 성원권이 위태로울 때, 심지어 애초에 자신이 온전히 성원권을 부여받은 장소가 존재하지 않는다고 느낄 때, 우리는 무력감에 빠진다. 잃어버린 성원권을 자기 힘으로 되찾을 수 없을 것이라고 예상할 때, 우리는 무력감을 느낀다.

내가 어떤 상황에서도 여전히 성원으로 인정받으려면, 다른 성원들이 나에게 주는 환대가 나라는 특정 인격에게 주어지는 것이어서는 안 된다. 나는 '나'이기 때문에 성원이 된 것이 아니라 우리가 모두에게 성원권을 인정하기로 약속했기 때문에 성원이 된 것이다. 그 약속은 나의 능력이나 인격과는 상관없이 유효하므로, 나의 상승이나 하강과는 무관하게 나는 늘 성원으로 인정받을 것이다. 이것이 바로 우리의 삶을 단단하게 받쳐주는 감각이다.

오늘날 위태로운 성원권이 주는 불안과 무력감에 시달리는 사람이 많은 건, 애초에 우리의 성원권에 숱한 자격 조건이 붙어 있었기 때문인지도 모르겠다. 직장이야 말할 것도 없고, 너무 많은 곳에서 우리의 성원권은 조건부다. 그 조건은 더 이상 당연한 것이 아니게 되었을 때야 비로소 눈앞에 모습을 드러낸다. 예를 들면 쉽게 일자리를 구할 수 있는 사회에서라면, 취업 상태는 성원권의 조건처럼 보이지 않는다. 결혼을 하고 아이를 갖는 일이 보편적이던 시절에는 그것이 성원권의 조건으로 인식되지 않는다. 일자리를 구하려면 특별한 행운이 따라야 하고, 결혼을 하거나 아이를 갖는 것이 '자연스러운' 삶의 경로가 아니게 되었을 때, 이제야 모습을 드러낸 성원권의 그 조건들이 사람들을 불안과 무력감으로 밀어 넣는다. 내리막 세상에서 잃게 되는 것은 괜찮은 경제적 전망만이 아니다. 그와 결부되어 있던 온전한 성원권까지 위태로워지는 것이다.

불안과 무력감의 상태를 한쪽 끝에, 힘 있는 상태를 다른 한쪽 끝에 둔 스펙트럼 안에서 우리는 시시때때로 진동하며 산다. 내리막 세상의 압력이 우리를 자꾸 불안과 무력감 쪽으로 내모는 지금, 우리는 스스로 '힘'을 부여해 불안과 무력감을 극복할 수 있을까? 우리는 성원권을 부여받는 객체가 아니라 성원권을 주고받는 상호적 주체로 변모할 수 있을까? 그 성원권을 능동적으로 정의할 '힘'을 되찾아 우리의 '사회'를 새롭게 구축할 수 있을까? 자신을 주체로서 세워 존중받고 인정받기를 포기한 채, 역할과 기능에 근거한 상호작용만으로 삶의 지평을 축소시키는 것이 모두에게 흔한 선택지가 되어버린 시대에 생각할수록 막막해지는, 그렇지만 피해갈 수 없는 질문들이다.

염치를 지킨다는 것

끝까지 책임을 짐으로써
자신의 존엄을 지키는 것,
염치를 차리며 산다는 것은
이런 것일 테다.

살던 집에서 이사를 나오면서 양해를 구하고 아파트 창고에 남겨둔 책꽂이가 있었다. 튼튼하고 모양새도 특이한 물건이라 버리는 게 아까워서 나중에 찾아갈 생각이었다. 롤링다이스가 불광역 인근에 사무실을 얻게 되면서 4년이 지난 후에야 책꽂이를 그곳으로 옮기기로 했다. 남편이 용달차를 수배해보니 여의도에서 불광역 부근까지 가는 데 3만 3천 원이라고 했다. 햐, 진짜 싸구나 싶었다. 몇 년 전보다 어쩐지 더 싼 것 같았다.

　여기서부터는 남편에게 전해 들은 이야기다. 책꽂이를 싣고 지하 주차장을 나오는데 책꽂이가 높아 주차장 천장에 부딪히는 사고가 있었다고 한다. 천장의 형광등이 서른 개 넘게 깨지는 대참사였다. 관리사무소 직원이 뛰어나와 막말을 하면서 화를 내는 와중에도 용달 기사님은 차분히 사과를 하고, 보험사에 연락한 후 형광등 잔해를 쓸어 담기까지 의연하시더란다. 남편은 "이미 책꽂이가 많이 상했으니 굳이 불광역까지 실어갈 필요가 없고, 제겐 보상을 해주지 않아도 괜찮다"고 했지만, 용달 기사님은 책꽂이를 고쳐줄 테니 그래도 싣고 가자고 하셨단다.

사고 처리가 끝나고 망가져버린 책꽂이를 싣고 불광역까지 가는 길에 용달 기사님은 "3년 무사고를 달성해 개인택시 면허를 따는 게 목표인데, 이제 1년 8개월째"라고 했다. 이런저런 사업을 벌이며 살았고, 한때는 사업이 제법 잘되었다고 한다. 그러나 부동산 경기에 민감한 사업을 하다가 실패해 빚을 제법 지고 망했다고 한다. 다행히 자식들은 잘 커서 자기 밥벌이를 하며 살지만, 그래도 본인 빚은 스스로 갚아야 하니 빠듯하게 산다고 했다. 그래도 3년 용달 일을 무사고로 마치면 개인택시는 자식들이 마련해줄 거라고 했다. "그런데 틀려버렸네"라고 하면서도 "책꽂이는 보험처리해서 수리해드릴 테니 걱정 말라"는 말을 연신 하더라고 전하는 남편의 얼굴이 씁쓸했다.

책임과 존엄

남편에게 이 이야기를 전해 듣고 '사는 게 뭘까' 싶은 마음에 한숨이 나왔다. 우리는 이미 책꽂이 보험처리는 포기했다. 그냥 적당히 고쳐 써야지 마음먹었다.

그날 밤에 남편에게 전화가 왔다. 옆에서 들으니, 지하 주차장의 기물 값은 보험처리하지 않기로 하셨다는 것 같았다. 그러면 사고로 접수되지 않으니 개인택시 계획은 수포로 돌아가지 않는다. 남편은 "네네, 그렇게 하시는 게 낫겠네요"라고 답했다. 이제 남은 건 우리 책꽂이다. 용달 기사님의 다양한 전직 중에 '목공소 운영'도 있었던 모양이다. 보험처리를 해드릴 수 없게 되었으니, 자신이 직접 가서 수리를 해주겠다고 하더란다. 남편은 연신 "괜찮습니다. 못 쓸 정도는 아니니 신경 쓰지 마세요"라고 말했고, 몇 차례 실랑이가 오간 다음에야 전화를 끊었다. "나중에 택시 하시게 되면, 길에서라도 다시 뵙게 될지 모르죠. 계획대로 잘되셨으면 좋겠어요"라고 남편이 인사를 전했다. 옆에서 듣고 있는 내 마음조차 뭉클해졌다. 빈말은 할 줄 모르는 사람인데, 흔치 않은 다정한 말에 내가 다 고마운 마음이 들었다.

둘 다 어쩐지 먹먹해져 있는데, 또 전화가 울린다. 용달비 3만 3천 원이라도 돌려드리고 싶다는 전화다. 남편은 "그래도 목적지까지 실어다 주신 건 맞는데요"라고 두어 번 거절을 하다가 결국 "그래야 기사님도 맘이 편하실 것 같으니, 그럼 그 돈은 돌려받겠습니다" 하고 전화를 끊는다. 이쯤에서 나는 엉엉 울어버리고 말았다.

그렇게 힘든 상황에서도 끝까지 책임을 짐으로써 자신의 존엄을 지키려 하시는구나 싶었다. 염치를 차리며 산다는 것은 이런 것일 테다. 그분의 3년 계획이 꼭 성공했으면 좋겠다.

사람이 하는 일

제각각의 얼굴이 드러나도
좋은 곳에서 일하며 산다는 것,
그 얼굴이 지닌 맥락을 상상해볼
여유를 갖고 서비스를 사고판다는 것은
일의 본질을 바꾸기도 한다.

작년 이맘때 좀 길게 머물렀던 캐나다 여행에서 돌아오는 날 있었던 일이다. 예약해둔 공항버스가 제시간에 오질 않았고, 정류장에는 기다리는 줄이 점점 길어졌다. 지나던 같은 회사의 다른 버스 기사가 길게 늘어선 줄을 보고 뭔가 문제가 생겼는지 알아차린 모양이었다. 버스를 세운 기사 아저씨는 휴대전화를 귀에 댄 채로 정류장에 있던 사람들에게 소리 쳤다. "다들 전화 끊어요. 내가 통화 중이에요." 버스 회사 사무실과 이야기를 나누는 중인 것 같았다. 승객들은 버스가 안 오니 전부 회사로 전화를 걸고 있었을 것이다.

전화를 끊은 그가 전한 소식은 이랬다. "이 기사양반이 어딘가에 차를 세워놓고 잠이 든 모양이에요. 찾아내서 깨웠다고 하니 곧 올 겁니다." 그 말을 들은 순간, 내가 덜컥 겁이 났다. 저런 말을 하면 어떡한담. 화가 난 승객들이 늦게 온 기사에게 불평해댈 텐데. 그러나 그는 금세 한 마디를 덧붙였다. "어젯밤에 고속도로 한복판에서 버스가 고장 났거든요. 날밤을 새웠을 거예요." 이 말에 날카로워져 있던 승객들의 얼굴이 금세 풀어졌다.

뒤통수에 까치집을 얹고 허둥지둥 도착한 기사 아저씨가 승객들의 짐을 짐칸에 다 싣고 출발할 준비를 마쳤을 때, 앞줄에 앉은 승객 하나가 유쾌하게 말을 건넸다. "어제 긴 밤을 보냈다면서요?" 그러자 겸연쩍은 기사 아저씨의 답. "아까 그 양반이 얘기했나 보군요. 아휴, 고생했어요."

이게 전부였다. 기사 아저씨는 아무 일도 없었다는 듯 안내 방송을 시작했고, 기사 아저씨에게 은근하게나마 투덜거리는 승객은 단 한 명도 없었다.

각각의 사정이 있는 사람들

일은 사람이 한다, 제각각의 사정이 있는 사람들이. 그리고 그런 제각각의 얼굴이 드러나도 좋은 곳에서 일하며 산다는 것, 그 얼굴이 지닌 맥락을 상상해보고 이해해볼 여유를 갖고 서비스를 사고판다는 것은 일의 본질을 바꾸기도 한다. 그러고 보니 캐나다에 머무는 동안 만났던 서비스업 종사자들의 제각기 다른 표정들이 떠올랐다. 유난히 살갑게 인사를 건네는 사람도 있었고, 통명스러운 사람도, 익살스러운 사람도 있었다. 내가 산 식료품 중 자기가 좋아하는 물건이 있다며 반가워하던 계산원도 있었다. 그곳에서 유난히 상냥한 표정을 짓는 사람은 실제로 상냥한 사람일 것 같았고, 무뚝뚝하게 할 일만 하던 사람은 내게만 불친절한 게 아니라 원래 그런 성격일 것 같았다. 어쩌면 그날 그에게 나쁜 일이 있었을지도 모르겠다.

그곳에서 나는 서비스가 한 명 한 명에 따라 때로 더 좋아지기도 하고 나빠지기도 한다는 사실을 당연하게 받아들이게 되었다. 누구나 부드러운 미소를 건네며 똑같은 문구로 다듬어진 인사를 건네는 곳에서는 소비자의 권리를 챙기는 것을 당연한 일로 여겼었는데 말이다.

그곳에 고작 한 달 좀 못 되게 머물렀을 뿐이고, 여행자의 낭만이 나를 너그럽게 만들었는지도 모르겠다. 이유가 무엇이었든, 똑같은 일을 하는 서로 다른 사람들의, 그래서 조금씩 다른 서비스를 자연스럽게 받아들였던 그곳에서 내 마음이 좀 더 편했던 것만은 사실이다.

캐나다에서 돌아온 지 얼마 되지 않아 성산대교를 건너야 할 버스가 길을 잃고 양화대교로 들어섰다는 해프닝을 SNS에서 접했다. 이 글을 쓰느라 다시 뒤져보니 2017년 4월 13일에 있었던 일이다. 버스는 노선을 벗어나 여의도로 들어섰고 기사 아저씨는 "길 좀 가르쳐주세요" 하고 승객들에게 도움을 청하기까지 했단다. 간신히 여의도를 탈출한 후 누군가 "덕분에 벚꽃구경 잘했다"는 농을 건넸고, 버스 안은 한바탕 웃음꽃이 피었다는, 그야말로 동화 같은 이야기였다. 이 동화 덕에 캐나다에서의 일이 그 나라에서나 가능한 일이라고 여기던 내 마음속 작은 낙담이 조금 누그러졌다.

6

'우리'를
떠올릴 수 있어서
가능한 것들

당신을 이해한다는 말

우리는 서로 달라도
이해할 수 있다.

나는 잘 보지 못한다. 시력이 나쁘기도 하지만, 그런 의미만은 아니다. 걷는 것도, 실외에서 달리는 것도 좋아하지만, 그럴 때 내눈은 반쯤 꺼져 있는 것 같다. 온 신경이 대체로 내 안에 머무르고 생각과 생각 사이를 헤매느라 외부에서 들어오는 정보를 거의 받지 못한다. 좋은 풍광에서, 새로운 환경에서 걷는 게 나 같은 사람에겐 별 의미가 없다고 생각하는 이유다.

　나와 거의 언제나 같이 걷는 남편은 정반대다. 그는 길가의 나무를 기억하고, 새로 지어지고 있는 건물이 하루하루 얼마나 달라지는지 알아차리고, 옆집이 잔디를 방금 전 깎은 걸 눈치챘다. 눈에 들어오는 모든 것이 그에겐 정보다. 예전에는 말없이 한참을 걷다가 "무슨 생각해?" 하고 그에게 묻곤 했다. 그럴 때마다 대체로 "아무 생각도 안 하는데"라는 답이 돌아왔는데, 그게 그렇게 신기했다. 어떻게 아무 생각을 안 할 수 있지? 나는 대체로 생각이 꺼지지 않는 사람이고, 말없이 걷는 순간을 사랑하는 이유가 온전히 생각에만 집중할 수 있기 때문이다. 나와 달리 그는 생각하기보다는 보는 사람이다. 더 이상 나는 그에게 무슨 생각을 하느냐고 묻지 않는다.

어린 나이에 만난 우리는 정말 많은 시간을 함께 보냈다. 같은 곳을 수없이 함께 갔고, 같은 풍경 아래 함께 걷거나 서 있었지만, 경험은 같지 않았을 것이다. 과거를 돌아보며(때로는 10여 년 전, 때로는 몇 시간 전) 이야기를 나누다 보면, 함께 한 경험이라고 같은 경험이 아니라는 것을 실감한다. 나는 그 순간 내 머릿속을 지나갔던 생각을 이야기하고, 그때 사람들의 말과 표정을 기억한다. 그는 그 순간 그 장소에 무엇이 있었는지, 무슨 음식을 먹었는지, 공기가 어땠고 소리가 어땠는지를 이야기한다. 나는 신경 쓰지 않았던 것들이 그에겐 중요하고, 거꾸로도 마찬가지다. 두 명은 정말 다른 사람이고, 그래서 거기엔 서로 다른 두 개의 경험이 있다. 나는 이렇게 다른 우리 둘이 같은 언어로 말을 하고 함께 중요한 결정을 내리며 세월을 쌓아간다는 것이 얼마나 경이로운지, 또 '생각한다.'

둘 사이가 그럴 텐데, 더 여럿이라면 말할 것도 없다. 사람들이 모여 무언가를 함께 하고, 그 경험을 기반 삼아 공통 지대를 만든다는 것이 얼마나 어려운 일인지 함께 걸어보기만 해도 안다. 공유하는 육체적 피로 덕에 어떤 뜨거운 감정이 이따금 사람들 사이를 흐르는 것 같지만, 그 순간이 지나면 그에 대한 기억조차 제각각 다르기 마련이다. 이렇게 생각하면 내가 롤링다이스라는 '협동'조합에 몸담아온 시간들이나, 혹은 서로를 친구로 호명하며 관계를 쌓아온 시간들이 경이롭게 느껴진다. 우리는 어떤 이유로 그럴 수 있었을까.

우리는 서로 달라도 이해할 수 있다

만난 지 얼마 되지 않아 당신과는 정말 잘 통한다고, 당신은 나와 정말 비슷하다고 말하는 사람에게 불안감을 느끼곤 한다. 거꾸로 내가 누군가에게 그런 생각이 들 때도 마찬가지다. 그가 나와 무척 비슷하다고 느낀다면, 내가 아직 그를 모른다는 의미일 것이다. 오랫동안 가깝게 지내는 사람에 대해서 "그는 나와 비슷해"라고 설명하는 경우는 거의 없다. 알면 알수록 나와 그가 얼마나 다른지 실감하게 되며, 시간은 그 다름을 평가하거나 판단하지 않고 전제로서 받아들이게 해준다. 다르다고 생각할 때에만 '척하면 알아듣겠거니' 하며 얼버무리지 않고, '그의 마음도 나 같겠거니' 미루어 짐작하지 않는다. 파악하기 위해 충분한 시간을 들여 귀를 기울이고, 이해시키기 위해 찬찬히 설명하게 된다.

우리는 서로 달라도 이해할 수 있다. 관계의 밑바탕에 동질감이 있을 때보다 가치 판단 없는 지적 이해가 있을 때, 나는 훨씬 더 안정감을 느낀다. 동질감은 대체로 착각이거나, 진실이라 해도 쉬이 흩어질 수 있는 것인 반면, 지적인 이해는 시간과 함께 축적해가는 것이기 때문이다. 나는 당신을 이해한다. 당신이 나와 같기 때문이 아니라, 내가 보일러의 작동 원리를 이해하고, 해가 뜨고 지는 것처럼 보이는 원리를 이해하는 것처럼, 나는 시간을 들여 공부함으로써 당신을 이해한다. 그런 이해를 통해 나는 당신과의 관계 안에서 안정감을 느낀다.

그럼에도 우리 사이에는 여전히 많은 착각이 있을 것이다. 착각만이 우리를 느슨하게나마 묶어주는 때도 있을 것이다. 어쩌면 한 종류의 착각이 또 다른 종류의 착각으로 진화해갈 때 공동의 것이 지속가능한 것일지도 모른다. 중요한 건 그 진화 속에서 앎의 비율을 조금씩 높여가는 것이다. 그리고 어쩌면, 잠깐이나마 기꺼이 착각을 좀 해도 좋겠다고 생각하는 마음. 좋은 착각들과 오해들과, 어긋난대도 해로울 것 없는 기대들. "너와 정말 잘 통하는 것 같아"라는 말을 할 때의 기분 좋음을 애써 떨쳐야 할 이유도 없을 것이다. 그 착각이 실망으로 끝날 수도 있지만, 그 착각 덕에 이해하려는 노력이 시작되기도 한다.

고통은 여기에 두고 가세요

권위는 이렇게 행사하는 것이다.
그 상징적 무게를 이해하고,
안일하게 둘러쳐진 테두리를 필요한 순간에
딱 한 걸음 넘어서 주는 것.

"고통은 여기에 두고 가세요. 그리고 세상에 나가 당신의 근사한
일들을 하세요."

30여 년 동안 최소 156명의 어린 선수들을 대상으로 성범죄를
저질러온 래리 나사르에게 최고 175년형을 선고한 판사 로즈마
리 아킬라나가 법정에서 증언한 피해자들에게 건넨 말이다. 기사
에서 이 대목을 읽는 순간, 두 눈은 그 문장 위에 멈추고 마음은
저릿해졌다. 래리 나사르는 미국 체조 국가대표팀 및 미시간대학
교 팀 닥터였다. 어린 선수들은 자신이 당한 일을 정확히 이해하
지 못했고, 십수 년 넘게 혼란과 자책으로 고통 받아왔다. 그러나
물꼬가 터지자 서로가 서로를 발견했고, 비로소 "그것은 성범죄
였다"고 함께 입을 모아 말할 힘을 얻었다. 아킬라나 판사는 발언

하고 싶어 하는 모든 피해자에게 법정의 문을 열어주었으며, 원하는 만큼 길게 증언할 시간을 주었다. 거기에 더해 피해자이자 생존자인 증인 한 명 한 명의 발언에 귀를 기울이며 일일이 위로와 감사, 칭찬과 격려를 건넸다.

언제나 냉정하고 공평무사하기를 요구받는 판사가 마치 피해자들의 치유자인 양 따뜻한 위로를 건네고, 가해자를 향해 분노를 드러낸 것은 얼핏 부적절한 일처럼 보일지 모른다. 그러나 이 자리는 이미 유죄 판결이 내려진 후의 양형심리 자리로 배심원들은 배석하지 않았다. 더구나 나사르는 이미 불법 성인물 관련 범죄로 징역 60년형을 선고받은 상태였다. 법적 절차의 관점에서 보자면, 나흘에 걸쳐 150명이 넘는 이들의 발언을 듣는 것은 무용한 일이었을지 모른다. 그러나 아킬라나는 판사의 공식적 역할에서 한 걸음 더 나아가, 법적 판단에 필요한 것 이상으로 피해자들의 목소리에 귀를 기울이고, 법적 판결 이상으로 위로와 응징의 말을 건넴으로써, 이 사건을 하나의 역사적 전기로 만들었다. 아킬라나가 귀 기울임으로써 사회가 함께 귀를 기울였고 온 세계가 들었다.

권위는 이렇게 행사하는 것이다

선수들이 고통을 당하는 동안 용기를 내 그의 범죄를 고발한 피해자가 없었던 것은 아니다. 그러나 미국체조협회, 미시간대학, 미국올림픽위원회 등의 관련 기구들은 선수들의 호소를 매번 외면했다. 아킬라나 판사가 법정에서 한 행위 하나하나가, 미국 사회 전체가, 이 권력기구가 저질러온 잘못을 뒤늦게나마 인식했음을, 그리고 이제라도 피해자들의 목소리에 힘이 실렸음을 상징했다. 아킬라나 판사의 위로는 그 법정에 선 피해자 개인들뿐 아니라, 비슷한 위치에 있었거나 그렇게 될까 봐 공포를 느끼는 모든 약자들에게 위로가 되었을 것이다. 아킬라나 판사의 분노는 래리 나사르 개인을 단죄하는 데 그치지 않고, 비슷한 범죄를 저지를 수 있는 모든 잠재적 가해자들과 그런 범죄에 무관심했던 권력자들을 향한 경고였을 것이다. 아킬라나의 판결이 있은 후 미시간대학 총장과 미국체조협회 이사진 전체가 사퇴했다.

권위는 이렇게 행사하는 것이다. 자신이 행사하는 권위의 상징적 무게를 이해하고, 안일하게 둘러쳐 있던 테두리를 필요한 순간에 딱 한 걸음 넘어서 주는 것. 아킬라나 판사가 한 일이 바로 이것이었고, 그가 한 말이 바다 건너 이 땅의 여성들에게도 힘을 주었다. 가해자에게 먼저 공감하고, 그의 '홧김'을 이해하며, 가해자의 망가진 인생과 잃게 될 기회에만 주목하는 판결을 숱하게 보아온 한국의 피해자와 약자들에게, 언젠가는 우리에게도 저런 역사적 순간이 올지 모른다는 희망을 준 것이다.

가해자를 어떤 경우에도 용서해선 안 된다거나, 모든 선처가 불합리하다는 말이 아니다. 문제는 그 순서다. 먼저 피해자에게 공감하고, 피해자의 깊은 상처와 이미 잃어버린 기회에 주목하고, 피해자의 목소리에 귀를 기울여야 한다. 그런 다음 이루어지는 선처만이 가해자에게 유달리 공감하는 판사 개인의 권위 남용이 아닌, 진정한 의미의 사회적 용서다.

2018년 1월 미국 사회는 래리 나사르의 범죄를 30여 년 만에 단죄하게 되었다. 그즈음 이 땅에서는 서지현 검사가 8년의 고통을 딛고 용기 있는 증언을 내놓았다. 우리에게도 한 걸음 더 나아가 공명해주는 권위가 필요한 순간이다. 아니 오래전부터 필요했다.

책 임 의 용 량　·

책임으로만 이뤄진 삶은
결코 원하지 않지만,
아무 책임도 질 필요 없는 삶은
더 나쁜 것 같기도 하다.

2015년 4월에 홋카이도 니세코의 히라후라는 작은 마을에서 5일 동안 머물렀다. 히라후에서는 어디서나 요테이산이 보인다. 밋밋하다면 밋밋한 시골인데, 요테이산의 압도적인 존재감이 특별한 풍경을 만들어낸다. 편의점에 터덜터덜 걸어가다가도, 노천탕에서 온천을 즐기다가도, 고개를 들면 요테이산이 보인다. 어떤 날은 산봉우리 아래 구름이 걸려 아름답다. 또 어떤 날은 쩽하게 파란 하늘 아래 눈 쌓인 요테이산이 만들어내는 대비가 근사하다. 요테이산이 어디를 가나 따라다녔던 것처럼, 히라후의 5일 동안 내 마음을 계속 따라다녔던 건 '책임'이라는 단어였다.

　책임. 이 단어를 마음속으로 중얼거릴 때면 떠오르는 기억이 있다. 예전 직장에서 곧 회사를 그만두리라 마음먹고선, 다만 그게 언제여야 할지만을 선택으로 남겨두고 있던 때의 일이다. 당시 일하고 있던 투자 건의 상대방 측 임원은 그야말로 진상이었다. 노골적으로 접대를 요구했고, 원하는 수준의 접대를 받지 못하자 모욕적인 언사를 내뱉었다. 여자인 나에겐 명백히 성희롱이랄 수 있는 발언을 하기 일쑤였다.

모욕적 언사가 도를 넘어선다 싶었던 그날, 자리를 박차고 나오려던 마음을 참게 했던 것, 그것을 '책임'이라고 부를 수도 있을 것이다. 그때 내가 느낀 책임은, 프로페셔널로서의 책임도, 회사에 대한 책임도, 일에 대한 책임도 아닌, 순전히 나와 함께 일하던 동료들에 대한 책임이었다.

나는 그들이 애쓰고 있다는 걸 알았다. 이것이 온전히 나의 일이기만 하다면, 나는 진즉에 백 번도 넘게 욕을 퍼부어주고 그 자리를 떠났겠지만, 그 일은 나의 일이면서 동시에 그들의 일이었고, 곧 직장을 떠날 마음이었던 나보다 그들에게 어쩌면 더 중요한 일이었다. 내 밥그릇을 차는 데 주저할 이유는 없었다. 나는 곧 그만둘 마음이었고, 아예 그 업계를 떠날 생각이었으니까. 그렇지만 내 밥그릇은 홀로 서 있지가 않았다. 내 밥그릇을 차는 순간 함께 날아가버릴지 모를 동료들의 목표를 의식하지 않을 도리가 없었다(그때 욕을 참았던 게 잘한 일인지 아닌지는 여전히 판단이 서지 않는다. 그때로 다시 돌아간다고 해도 나는 어떻게 다르게 행동해야 할지 잘 모르겠다).

책임이라는 지렛대

얼마 후 나는 퇴사했고, 아마도 한동안은 다시 직장인이 되지 않을 것이라고 생각했다. 그렇게 회사를 떠나면서는 '내키지 않는 무언가를 어쩔 수 없이 해야 하는 상황'을 피하면서 살고 싶었다. 그러니까 이 말은 '책임'을 최소화하면서 살고 싶었다는 뜻이다. 재미있는 일을 하고 싶었고, 신나는 일을 하고 싶었다. 하고 싶을 때, 하고 싶은 만큼의 일을 하면서 살고 싶었다. 완벽하게 그럴 수야 없겠지만, 최대한 그렇게 살고 싶었다. 그러기 위해 가능하면 혼자 하는 일을 하려 했고, 계약한 만큼의 일을 계약한 시간까지 하면 되는 일이면 좋겠다고 생각했다.

하지만 이런 말은 절반만 사실일지도 모른다. 혼자 하는 일을 하려 했고, 책임을 최소화하고 싶었다고 하기엔, 나는 협동조합을 시작했고, 계속해서 사람들을 모아 함께 책을 읽었다. 나에게 '책임'은 나를 앞으로 나가게 밀어붙여주는, 너무 달콤하고도 강력한 기제라는 것을 알고 있었는지도 모르겠다. 스스로 일으킨 동기가 사그라질 때, 나를 끝까지 길 위에서 버티게 해줄 외부의 힘이 필요하다는 것을, 그리고 그런 힘 중 가장 좋은 것이 내게는 책임이라는 것을 나도 모르게 깨우치고 있었던 모양이다. 내 자발적 동기는 믿지 못하지만 나의 책임감은 믿었고, 그래서 무언가를 끝까지 해내기 위해 책임을 맡는 방식을 취했다.

하지만 그 방식은 타협적이었다. 롤링다이스를 일종의 취미 또는 부업 공동체로 기획한 것도, 그리고 언제나 정해진 텍스트로 단락 지어지는 형식으로 세미나를 진행한 것도, 책임의 범위를 명확히 하려는 방어본능이었을 것이다. 책임을 지렛대로 삼되, 그것이 내 일상을 짓누르지 않기를 바라는 마음이었던 모양이다. 그러니까 진상 앞에서도 자리를 박차고 나갈 수 없을 정도의 책임까지는 피하고 싶었던 것이랄까.

고독은 사적인 것이면서도 정치적인 것이기도 하다. 고독은 집단적이다. 그것은 하나의 도시다. 그 속에 거주하는 방법을 말하자면, 규칙도 없지만 그렇다고 부끄러워할 것도 없다. 다만 개인적인 행복의 추구가 우리가 서로에 대해서 지는 의무를 짓밟지도 면제해주지도 않는다는 점을 기억해야 할 뿐이다. 우리는 상처가 켜켜이 쌓인 이곳, 너무나 자주 지옥의 모습을 보이는 물리적이고 일시적인 천국을 함께 살아간다. 중요한 것은 다정함을 잃지 않는 것, 서로 연대하는 것, 깨어 있고 열려 있는 것이다.[•]

어디에서도 눈에 들어오는 요테이산을 보며 '책임'이라는 단어를 떠올렸던 것은 책임의 범위를 조금 더 늘려볼 마음을 먹게 되었기 때문일 것이다. 그리고 책임질 수 있는 상황에 놓인다는 것이 꽤 운 좋은 일이라는 생각이 비로소 들었기 때문이다. '책임'이

• 올리비아 랭, 김병화 옮김, 《외로운 도시》, 2017, 어크로스, 392쪽.

라는 말과 함께 떠올릴 수 있는 얼굴들이 있다는 것은 감사한 일이다, "너무나 자주 지옥의 모습을 보이는 물리적이고 일시적인 천국을" 누군가와 "함께 살아간다"고 말할 수 있다는 것은. 책임감으로만 이뤄진 삶은 결코 원하지 않지만, 아무 책임도 질 필요 없는 삶은 더 나쁜 것 같기도 하다. 어디를 가도 따라다니는 '책임'이 그렇게 나쁜 것만은 아니라는 생각을 하게 되었다.

히라후를 다녀오고 2년이 지나, 나는 다시 직장에 다니는 사람이 되었다. 다시 직장인으로까지 책임의 용량을 늘릴 이유를 찾은 것을, 지금으로서는 행운이라고 생각한다.

꼬리에 꼬리를 무는 회의, 전화 통화와 이메일로 하루를 꽉 채우고, 머릿속에 더 이상 어떤 말도 남아 있지 않은 느낌으로 터덜터덜 집으로 돌아오던 어느 금요일 밤, 그럼에도 어째서 이것이 "지옥의 모습을 보이는" "일시적인 천국"인지 알 것 같았다. 내가 무엇에 대해 책임을 지고 싶어 하는지, 또 어디까지는 책임을 질 필요가 없는지 예전보다 훨씬 명확히 알고 있기 때문이었다. 그 덕에 (언제나는 아니더라도) 대체로, 깨어 있고 열려 있을 수 있다.

불편함을 나눌 자리

불편함을 나눌 수 있고,
함께 고민할 사람들이 있다면,
상황은 완전히 달라진다.
에너지를 소모할 가치가 생기기 때문이다.

나는 범서파 조직원이다. 조직원들은 각각의 자리에서 암약하다가, 다른 조직원을 우연히 발견하면 현장을 포착해 '인증샷'을 남긴다. 가끔씩 조직원 두엇이 한 자리에서 함께 활동할 때도 있지만, 범서파의 이름으로 이뤄지는 활동은 아니다. 그렇게 우연히 다른 조직원과 접속하는 일을 우리는 유닛 활동이라 부른다. 가끔씩 누군가 긴급히 소집을 외치면 호출 장소로 스멀스멀 모이기도 한다.

범서파는 '범서대문구 모임'의 약칭으로, 서대문구와 그에 인접한 마포구 및 은평구에 사는 20대 중반부터 40대 초반까지의 여성 여섯 명으로 이루어져 있다. 이들은 같은 학교를 다닌 것도, 같은 회사에서 함께 일한 적이 있는 것도 아니다. 유일한 공통점은 모두 여성이라는 것, 그리고 돈만이 아니라 사회적 가치를 생각하는, 느슨히 일컬어 소셜 섹터라고 불리는 영역에서 일한다는 점이다. 몇몇은 모임이 생기기 전부터 알았고, 몇몇은 모임을 통해 처음 만났다. 대단한 모임처럼 말했지만, 예닐곱 명이 전부 모이는 건 두 달에 한 번 될까 말까이고, 날짜를 잡으려면 한 달 전에는 시도해야 한다. 긴급 소집을 외친대도 시간이 가능한 두셋만 모여 줄곧 수다만 떨다 헤어지는 게 전부다.

일하는 여성들의 대나무숲

그런데 이 모임이 나에겐 대나무숲이다. 일하는 여성이 부딪히는, 어디 가서 말하기 뭣한 소소한 짜증부터 심오한 문제의식을 자기검열 없이 털어놓을 수 있는 장소다. 섹터에 대한 애정 어린 불평불만도 이곳에서 얘기하면 안전하다. 그리고 무엇보다 이 모임에서 나는 동네 친구를 만난다! 차 타고 15분 걸리는 동네이긴 하지만, 넓디넓은 서울에서 뜻 맞고 맘 맞는 친구를 15분 만에 소집할 수 있다는 건 엄청난 위안이다.

실은 현실 접속보다는 카톡수다가 훨씬 빈번하지만, 직업인으로서의 짜증과 피로를 다음 날로 넘기지 않고 아침을 맞는 데 범서파 카톡방이 큰 역할을 한다. 나에게 공감해줄 사람들이 가까이에 있다는 사실 자체만으로도 효과가 있다. 열에 일고여덟 번은 굳이 곤란함을 카톡방에 쏟아내지 않고도 그 가능성을 떠올리면서 혼자 비죽 웃음을 짓고 털어버릴 수 있는 것이다.

사적 지대와 공적 지대 사이에서

불편한 것을 나눌 사람이 보이지 않을 때는 불편한 것이 존재하지 않는 듯이 무감해지도록 자신을 설득해야 했다. 불편함을 의식하고 곱씹고 '정의된 문제'로 바꾸는 일에는 에너지가 소모된다. 이에 더해 불편함을 '정의된 문제'로 언어화하고 나면, 이후에도 그 문제가 머릿속에 남아 뇌의 일정 용량을 사부작사부작 소진시킨다. 해결 방법이 보이지 않는다면 지쳐 나가떨어지는 쪽은 내가 될 게 분명하다. 이런 경험을 몇 차례 겪고 나면, 아예 불편함이 없는 듯 사는 쪽을 선택하게 된다.

불편함을 나눌 수 있고, 머리를 맞대어 불편함을 해결할 방법을 함께 고민할 사람들이 있다면, 상황은 완전히 달라진다. 에너지를 소모할 가치가 생기기 때문이다. 에너지 쓰는 걸 피하는 게 애초부터 목적은 아니었다. 다만 쓸모없이 에너지가 소진될 것을 두려워했을 뿐이다. 에너지를 써서 앞으로 나아갈 가능성이 보인다면 기꺼이 에너지를 쓸 수 있다.

요즘은 당연히 주어진 것이라고 별 생각 없이 받아들일 만한 일은 하나도 없다고 여기며 살려고 애쓴다. 남들은 나이가 들수록 둥글어지고 불편한 게 적어진다고 하지만, 이 말은 내게 절반만 맞다. 바라는 것은 적어졌지만, 불편한 것은 더 예민하게 의식하게 되었다. 이런 변화를 기꺼이 받아들이고, 변화의 속도를 오히려 더 올리고 싶다고 생각하는 것은 내가 좋은 상황에 놓여 있기 때문이고, 지금 행운이 따르고 있다는 의미이기도 하다. 그 행운 중 하나가 범서파다.

그러니까 이 글은 사적 지대와 공적 지대 사이에서 동료들을 조직하는 것에 대한 이야기다. 사적 친밀함을 토대 삼아 관계 맺지 않지만, 그렇다고 공적 용무만이 관계의 이유인 것은 아닌 이들에 대한 이야기다. 일과 삶을 넘나들며 다종다양한 대화를 이해관계의 얽힘 없이 안전하게 나눌 수 있는 자리, 현재의 밥벌이 바깥에서 새로운 일거리를 함께 작당해볼 수 있는 자리, 나는 그런 자리 덕에 다음 날 다시 우아한 얼굴로 일터에 간다. 그리고 이들을 통해 내 일의 다른 가능성, 지금과는 다른 사회의 가능성을 발견한다.

스승이 되어주는 사람

하나의 문제가 구체적인 질감으로
다가오는 것은 늘 사람을 통해서다.
문제를 마주할 때,
그 순간 떠오르는 얼굴이 있느냐가
엄청난 차이를 만든다.

"그래도 네가 버텨줘야 돼. 그래야 뒤에 올 여자 후배들에게 기회
가 더 생기지."

한 10년쯤 되었을까. 직장을 떠나고 싶다는 생각에 이런저런
고민을 털어놓는 나에게 어른 한 분이 건넸던 말이다. 안 그래도
여성이 적은 업계였다. 그 말을 듣고는 내가 이 일을 그만두면 "역
시 여자는 안 돼"라는 말을 하는 사람이 분명히 있겠구나 깨달았
지만, 누군가의 생각이 틀렸다는 것을 증명하려고 내 삶을 살 수
는 없는 노릇이었다. 나는 그 어른의 말에 코웃음 치고 말았다.
'일단 내가 살아야지' 하는 마음이었다.

얼마 전에는 썩 내키지 않는 자리에 발표자로 초대받은 일을
두고 범서파 카톡방에 불평을 던졌다. "아, 정말 가기 싫은데"라는

푸념을 늘어놓은 것은 "그럼 가지 말라"는 말을 듣고 싶은 마음에서였다. 어쩐지 마음 한구석에 똬리를 튼 의무감을 떨칠 핑계가 필요했던 것이다. 그렇지만 돌아오는 말은 기대 밖이었다.

"그래도 가셔야 해요. 현주 님이 안 가면, 그 자리에서 발언할 여자가 한 명도 없는 거잖아요."

나는 결국 그 요청을 수락했다. 올해 초에는 작년에 잠시 같이 일했던 20대 여자 동료로부터 편지를 한 통 받았다.

"현주 님을 보면서 '일하는 여성으로서의 나'를 더 긴 호흡으로, 더 의욕적이고 즐거워하는 얼굴로 상상할 수 있게 되었어요. 예전엔 모델이 없어서 상상이 안 된다고 푸념하곤 했거든요. 지금은 용기도 나고 기대도 돼요."

내가 훌륭한 사람이어서가 아니라, 그가 볼 수 있었던 사람이 나뿐이었기에 이런 편지를 받았다는 것을 안다. 그럼에도 10년 전의 그 말과 달리, 이 편지에는 코웃음 칠 수가 없었다.

10년 전에는 느끼지 못했던 책임감에 마음이 일렁거렸다. 물론 지금도 단지 책임감만으로 하고 싶지 않은 일을 하며 살 수는 없다고 생각한다. 그래도 피로와 회의가 몰려오는 날 그의 얼굴이 나를 조금 앞으로 밀어준다. '오래 버텨야지, 갈 수 있는 한 멀리 가야지' 하는 마음이 든다. 대단한 모델은 아니어도, 작게나마 희망을 품을 수 있는 이유가 되고 싶다.

떠오르는 얼굴이 있다는 것

하나의 문제가 구체적인 질감으로 다가오는 것은 늘 사람을 통해서다. 어떤 문제를 마주할 때, 그 순간 떠오르는 누군가의, 실재하는 얼굴이 있느냐가 엄청난 차이를 만든다. 10년 전의 나에게 '뒤에 올 여자 후배들'은 추상적인 말이었다. 얼굴도 모를, 어딘가 존재할 누군가에게 책임감을 느낄 만큼 그릇이 큰 사람은 못 되었다. 아마 지금도 크게 다르지 않을 것이다. 그러나 지금은 "네가 그 일을 해야지"라는 말을 들을 때 떠오르는 얼굴들이 있다. 예전보다 훨씬 많은 여자 동료들을 만나게 된 덕이다. '그 얼굴들을 위해서'라면 과장이겠지만, 그 얼굴들에게 부끄럽지는 않고 싶다. 큰 도움은 못 되어도, 그들이 극복해야 할 나쁜 선례를 남기고 싶지는 않다.

사람을 만나고 그 사람과 지속적인 관계를 맺게 될 때, 그 사람의 문제는 희석되어서나마 나의 문제가 된다. 사람을 통해 새로운 문제와 만나는 순간에는 무언가 부끄럽기도 하고 불편하기도 하고, 때론 안타깝기도 하고 스산하기도 하고, 또 고맙기도 하고 벅차기도 한 마음이 일어난다. 그런 일렁이던 마음은 시간이 흘러 가라앉지만, 책임감만은 남는다. 그런 책임감들이 모여 지향이 되고 가치관이 되는 것이 아닐까. 사람들은 수없이 왔다 가지만, 그 관계가 떠난다고 나에게 왔던 그들의 문제도 함께 떠나는 것은 아니기 때문이다.

나를 중심으로 얼마큼의 동심원에 대해 책임감을 느끼는가. 그 책임감의 범위가 한 사람이 지닌 사회적 역량의 크기일 것이다. 그렇게 생각하면, 내게 스승이 되어주는 사람은 내게 새로운 책임감을 알게 해주는 사람이다. 요즘 내게는 스승이 참 많고, 그 덕에 모르는 길로도 나아갈 힘을 얻는다.

디 엣 지 레 터

내가 말했을 때 유효한 말은 어디까지일까,
그 말에 힘이 있으려면
글과 내 삶 사이의 거리를 어떻게 유지해야 할까.

범서파 멤버들과 함께 떠났던 오사카 여행을 마치고 공항으로 가
는 라피트 안에서 조소담 님이 〈일간 이슬아〉를 소개해주었을 때,
'나도 그런 걸 해보고 싶다'는 마음이 들었다. 〈일간 이슬아〉는 이
슬아 작가가 한 달 동안 만 원을 낸 구독자에게 주말을 제외하고
매일 한 편씩의 글을 메일로 보내주는 프로젝트다. 나도 그렇게
내 글을 돈 주고 읽겠다는 독자들과 직접 관계를 맺고 그들을 향
해 글을 쓰고 싶다는 생각이 들었다.

불특정 다수, 내 글을 찾아 읽으려는 의도가 없는 사람들을 독
자로 상정하는 매체에 기고하는 것은 내게 매력적인 선택지가 아
니었다. 그런데 책을 쓰는 것을 제외하면, 돈을 받으면서 글을 쓸
수 있는 방법은 매체 기고밖에 없다. 한 편 한 편의 조각글 단위로

치자면 진짜 유일한 선택지다.

그런 만큼 〈일간 이슬아〉 이야기를 들었을 때 솔깃해졌지만, 독촉하는 데스크나 편집자도 없이 한 달 동안 매일 글을 써서 사람들에게 직접 보내기로 약속하는 것은 엄두가 나지 않았다. '그렇다면 내가 좋아하는, 글을 쓰는 사람 몇 명과 같이 하면 좋겠다. 그러면 일주일에 한두 편만 써도 되고, 더구나 그들의 글을 나도 읽을 수 있으니 일석이조군' 하는 생각이 문득 스쳤지만 그뿐이었다.

그리고 한 달쯤 지나 디엣지클럽The Edge Club(우리말로 하자면, '모서리파'쯤 될까) 회동이 있었다. 디엣지클럽은 범서파와 더불어 요즘 나의 정신적 비빌 언덕이 되어주는 모임이다. 처음 모였을 때 함께 갔던 술집의 이름을 따왔다. 이날 회동에서도 술을 좀 마셨고 즉흥적인 제안이 나왔다. 누군가가 뉴스레터를 운영해볼까 한다는 얘기를 꺼냈고, 내가 거기에 〈일간 이슬아〉를 소개하며 바람을 넣기 시작했다. 우리 전부 글 쓰는 걸 좋아하는 사람들이니, 같이 하면 큰 부담 없을 거라고 목소리를 높였다. 그래도 여기까지는 아직 지나가는 말의 영역이었다. '구독자를 덜컥 모으고, 와중에 돈을 받아버리는 건 엄청난 부담'이라는 마음이 여전히 남아 있었다.

그런데 내가 어떤 사람인가 하면, 무엇이든 마치 해볼 만한 일인 것처럼 만들어 일을 벌이는 것의 기술자가 아니던가.

"정식으로 구독자 모으기 전에 우리끼리 레터를 보내는 거예요. 요일을 정해 돌아가면서 글을 한 편씩 써서 보냅시다. 우리끼리 한 달을 돌려본 다음에 진짜로 남들에게 돈을 받을 만한지 그때 정하면 되니까요. 난 일단 여러분의 글을 메일로 받아서 읽고 싶어요!"

게다가 디엣지클럽에는 때를 놓치지 않고 "어머, 낭만적이다. 해요 해요!"라고 에너지 단계를 끌어올리는 맞장구의 기술자 홍진아 님이 있었다. 그렇게 2018년 5월 9일 디엣지레터의 베타 버전이 시작되었다. 흥에 취해 '한 달 프로젝트'에 합의한 우리는 정해진 시작 날짜가 되기도 전에 두 통의 레터를 주고받았다.

그동안 갈고닦은 나의 일 벌이기 기술에 세계 1위가 분명할 홍진아 님의 맞장구 기술, 거기에 술기운이 더해져 시작한 디엣지레터 베타 버전은 그렇게 시작되었고, 첫 3주 만에 14통의 레터가 오갔다.

글쓰기가 가장 즐거웠을 때

지난 10년 동안 꾸준히 글을 써왔다. 시작은 스토리텔링 수업을 들으며 과제로 썼던 글쓰기였다. 그다음에는 롤링다이스의 전신인 독서 세미나를 위한 글쓰기였고, 이후에는 번역을 하거나 책작업을 하거나 외고를 쓰는 일을 번갈아 해왔다. 글을 써온 지난 10년 동안, 언제나 글쓰기가 아닌 다른 일이 나의 주업이었고, 계속해서 글을 써야 할 이유는 딱히 없었다.

　그럼에도 계속 글을 썼던 것은 그야말로 '좋아서'라고밖에는 말할 수 없다. 지금으로부터 10년이 지났을 때, 내 주업은 무엇이 되어 있을지 모르겠지만, 적어도 글은 계속 쓰고 있을 거라고 막연히 상상한다.

　그런데 요즘 글쓰기가 참 힘들었다. 책 작업은 마감 시한을 훌쩍 넘긴 상태이고, 3주마다 돌아오는 칼럼 마감도 허덕허덕 쥐어짜듯 넘기고 있었다. 작년 말에는 출판사에 찾아가 아무래도 책은 못 쓰겠다며 계약을 되돌려보려는 시도도 했다. 다시 회사를 다니기 시작하면서 새로운 과업의 무게가 나를 짓누르고 있었고, 내가 누구를 향해 글을 쓰고 있는지 혼란스러워졌기 때문이다. 매번 글을 쓸 때마다 모든 게 조심스러웠고, 새로운 일의 현장에서 만나는 사람들이 내 글을 읽을 것이 불편했고, 내가 어떤 자격으로 글을 쓰는지 혼란스럽기도 했다. 어떤 바이라인으로 이 글을 쓰고 있는 걸까. 나라는 사람이 쓸 수 있는 글에는 한계가 있어서 갑작스레 이제껏 써오던 글과는 다른 글을 쓸 수 없는데도 내가 놓인 자리는 너무나 많이 변해서 내가 종이 위에 적은 모든 문장이 부적절해진 기분이 들곤 했다.

　그런데 디엣지레터가, 뜻하지도 않게 막혀 있던 글 줄기를 뚫어주었다. 생각은 고여갔지만 어디로 흘려보내야 할지 몰랐는데, 멤버 하나하나의 얼굴을 떠올리며 편지 쓰는 일은 무척 쉬웠다. 처음 독서 세미나에서 단지 세미나 동료들을 위해 글을 쓰던 그

때가 떠올랐다. 어떤 검열도 없이, 그냥 쓰고 싶은 것을 쓸 수 있었던, 내가 이런 말을 할 자격이 있을까, 너무 오버하는 건 아닐까, 이게 옳은 말일까, 욕먹지는 않을까 같은 고민은 하지 않았던 그때, 글쓰기가 가장 즐겁고 신났던 그때. 디엣지레터를 쓰기 시작하면서 책 원고에도 조금 탄력이 붙었다. 막혀 있던 줄기가 길을 찾으니 물이 흐르기 시작했고, 처음 책을 썼던 그때처럼, 일단 원고를 완성하자는 마음으로 돌아갈 수 있게 되었다.

가만히 생각해보면 작년 말 출판사를 찾아가 책 작업을 무한 연기하고 싶다고 했을 때, 내 마음을 돌려놓았던 말도 비슷했다. 담당 편집자인 박민지 님이 "제가 작가님의 글을 읽고 싶다고요. 작가님이 해주셔야 하는 말이 있어요"라고 (내 느낌으로는) 꾸짖듯이 이야기하는데 '저 말을 한 번 믿어보자'라는 마음이 들었다. 아마 그 말을 붙들고 싶었던 것일 테다. 그러니까 나에게는 떠올릴 얼굴이 필요했던 것이다. 불특정 다수의, 누구인지 모를, 대체 왜 내 글을 읽는지 모르는 사람들이 아니라, 내 글이 가닿기를 바라는 사람이 누구인지 구체적으로 상상할 수 있게 하는 얼굴들을 향해서만 글을 쓸 수 있을 것 같았다.

떠오르는 얼굴들을 향해 쓰는 글

한때는 글을 잘 쓰고 싶었다. '훌륭한 글', '잘 쓴 글'을 쓰는 사람이 되고 싶었다. 그런데 언젠가부터 내가 원하는 건 글을 잘 쓰는 게 아니었다. 나는 내가 하고 싶은 말을 잘 전달하는 글을 쓰고 싶고, 거기서 더 나아가 '내가 썼기 때문에' 의미 있는 글을 쓰고 싶어졌다. 다시 말해, 내가 살아온 것을 바탕으로 쓴 글이기 때문에 한계가 있지만 동시에 그래서 의미 있는 글, 나의 지난 시간을 아는 사람들일수록 더 좋아할 만한 글을 쓰고 싶다. 글 하나를 떼어 놓았을 때, 그 글이 얼마나 잘 쓰였는지 아닌지는, 예술가도 문필가도 아닌 나에게는 크게 의미 있는 일이 아니라는 것을 깨닫게 되었다.

작년 가을에 읽었던 김승섭 교수님의 인터뷰●는 전체가 좋았지만, 특히 내 마음에 박혀 아직도 기억하고 있는 구절은 이것이다.

'나는 어디까지 말할 수 있나'를 항상 고민한다. 좋은 말이어도 내가 할 수 있는 말이 있고, 할 수 없는 말이 있다고 생각한다. 연구자로서 공부하고 논문 쓰면서 사람들과 나누고 싶은 것들을 모으려고 했다. 한국 사회에서 가장 중요하고 시급한 과제를 다뤘다고 하시는 분도 있는데, 그런 이유로 시작한 연구들은 아니다. 내 마음이 더 쓰이는 것들, 또 내게 기회가 온 것들, 그중에서도 내가 데이터로 말할 수 있는 것들을 해왔을 뿐이다. 하나의 연구가 다음 연구를 계속 끌고 왔다.

● 장일호, "데이터로 소수자 인권을 말하다", 〈시사인〉, 2017년 9월 20일. http://www.sisain. co.kr/?mod=news&act=articleView&idxno=30112

이 구절을 읽고 내 글쓰기의 윤리에 대해 돌아볼 수 있었다면 너무 호들갑일까. 그렇지만 나도 이따금 돈을 받고 글 쓰는 사람으로서, 내가 말했을 때 유효한 말은 어디까지일까, 내 마음이 가는 대로 말했을 때 그 말이 힘을 가지려면 글과 내 삶 사이의 거리를 어떻게 유지해야 할까, 이런 질문을 늘 마음 한구석에 붙들고 있다. 취재해서 글을 쓰는 저널리스트도 아니고, 상상으로 이야기를 창조하는 예술가도 아닌 나는, 내 삶에서 길어 올린 글을 쓸 수밖에 없다. 그러니 내가 하고 싶은 말을 하고도 그것이 내가 할 수 있을 만한 말이 되려면, 자기기만 없이 살아야 한다고 다짐하곤 한다. (내 기준에서) 좋은 글을 쓰려면, 대단한 삶은 아니더라도 기만하지 않는 삶을 살아야 한다는 생각이다. 그리고 자기기만 없는 글쓰기의 비결은 어쩌면 내 삶 안에서 떠올릴 수 있는 얼굴들, 내 삶을 비교적 잘 아는 얼굴들을 향해 쓸 수 있는 글을 쓰는 게 아닐까 생각한다. 디엣지레터를 쓰기 시작하면서 얻게 된 깨달음이다.

칭찬이 아니라 감탄하기

디엣지레터를 통해 얻게 된 깨달음은 또 있다. 서로의 시도와 성취들에 (칭찬이 아니라) 감탄하는 것, 그 감탄을 가감 없이 전하는 것이 서로를 향한 최고의 임파워먼트라는 점이다. 기꺼이 박수 보내는 청중이 되어주는 것, 대단하기 위해서가 아니라 소중하기 때문에 하는 일들의 값어치를 알아주는 것, 그러다 보면 대단해 질 수도 있다는 가능성을 축복하는 것이 우리가 디엣지레터를 통해 서로에게 하는 일이다.

그리고 보니 나는 요즘 예전이라면 낯간지러워 쓰지 않았을 '안부 메일'을 가끔 보내곤 한다. 한때는 일의 현장에서 자주 얼굴을 보며 마음을 나누었던, 그러나 내 가벼운 엉덩이 탓에 더 이상은 자주 보기 힘든 사람들을 향해 메일창을 연다. 좋아하는 마음, 아끼는 마음을 일상 속 작은 배려를 통해 이들에게 전하는 게 이제는 어려워져버렸고, 그래서 이따금 떠올라도 그저 내 마음속 폐회로 안에서 호감이 빠지직 타올랐다가 쉽게 꺼져버리곤 했던 탓이다.

요즘은 멀리서 그들의 글을 읽었을 때, 문득 떠올랐을 때, 다섯 번에 한 번쯤은 메일을 쓴다. 당신이 생각났어요, 라는 한 마디보다 조금 길게, 당신이 왜 생각났는지, 그래서 내가 어떤 마음이 들었는지 자세하게 내 마음을 전한다. 대부분 따뜻한 답장이 돌아오지만, 실제로 내 메일이 그에게 어떤 효과를 일으켰는지 알 길은 없다. 하지만 내가 그런 메일을 받는다면, 무조건 힘을 얻게 될 것만은 이제 알기 때문에 그런 믿음으로 똑같은 일을 한다. 그런 메일을 보내고 나면, 내 폐회로를 열어 밖으로 에너지를 흘려보낸 것 같아 내가 먼저 기분이 좋아진다.

이 글을 쓰는 지금, 디엣지레터의 향방이 어찌될지는 알 길이 없다. 우리끼리의 베타 기간이 끝난 후 정말 외부 구독자를 받는 방식으로 확장할지, 또는 다른 방식을 도입해볼지, 아니면 이것으로 족하다며 멈추게 될지는 잘 모르겠다. 그 결론이 무엇이 되었든 시간이 흐른 뒤 2018년을 돌아보면, 소중히 읽었던 디엣지 레터의 글들이 떠오를 것만은 분명히 알겠다. 그래서 이 일은 이미 성공이고, 역시 일 벌이기를 잘했다고 벌써 스스로 칭찬하고 있다.

7

계속해보겠습니다

＊7장에 실린 글은 개정판에서 더해진 글이다.

한 결 같 다 , 나

꾸준함이란 사실
치열하게 동적인 상태라는 것을
지금은 안다.

책《일하는 마음》이 출간된 후, 그사이 새롭게 만났던 많은 분이
《일하는 마음》을 잘 읽었다고 말해 주셨다. 처음 만난 사람이 이
미 나를 어느 정도 알고 있다고 생각하고 있는 상황은 여전히 익
숙해지지 않는다. 이렇게 이야기해주시는 분들의 대부분에게 이
말은 호의의 표시인 걸 안다. 그래서 감사한 마음만큼이나 부담
을 느낄 수밖에 없다. 책은 정제된 생각의 정수이고, 현실의 나는
당연히도, 그렇게 정돈된 상태에 머물러 있지 못한다. 더구나, 지
난 5년은 일하는 사람으로서의 내게 너무나도 변화무쌍한 시간
이었기 때문에《일하는 마음》의 시간으로부터 많이 이행해 왔다
고 생각하기도 했다.

개정판을 내자고, 원고를 좀 더 보탰으면 좋겠다고 출판사에

서 제안을 주어서, 다시 《일하는 마음》을 읽었다. 다른 저자들은 어떤지 모르겠지만, 책이 나온 후에 다시 내 글을 읽지 않는 편이다. 매체와 인터뷰를 한 후에 나온 기사도 두어 날이 지나야 마음을 가다듬고 읽을 수 있게 된다. 동영상으로 찍은 인터뷰나 강연은 아예 볼 엄두도 내지 않는다. 그러니 이번에 《일하는 마음》을 읽은 건 5년 하고도 몇 개월만의 일이었고, 새삼, 기억이란 얼마나 부정확한지, 특히 자신을 객관적으로 인식하고 기억한다고 자신하는 일이 얼마나 어불성설인지 깨달았다. 많이 이행해 왔다고, 5년 전과 지금 달라진 것이 많다고 생각한 것이 큰 착각이라는 것을, 페이지를 넘길 때마다 실감했기 때문이다. 그리하여 5년이 지나 보태는 글의 대부분이 결국 동어반복일는지 모르겠다. 그렇지만 5년이 지나고도, 그 일하는 마음이 그리 달라지지 않았다는 것, 여전히 같은 방식으로 한결같이 그렇게 일하면서 살아가고 있다는 사실 그 자체가 어떤 면에서는 내게, 위로가 되기도 했다. 아마도 한동안은 여전히 이렇게 살아가겠구나, 그리고 이런 변함없음이 나를 여기로 데려다주었듯이, 또 어떤 지점까지 데리고 가겠구나.

나를 이끌어준 가장 큰 무기

또래 친구 네 명의 모임이 있다. 한 살 터울 이내이고, 만날 때는 모두 머리가 짧았고, 25년 가까이 커리어를 이어왔고, 20대 이른 나이에 결혼했다는 공통점을 가진 여자 친구들이다. 그중 두 사람만은 서로 대학 때부터 친구이지만, 나머지는 함께 학교를 다니거나 직장을 다닌 적도 없이, 마흔이 넘어 만나 가까운 친구가 되었다. 우리는 적어도 두세 달에 한 번쯤은 꼭 만나 좋은 것을 먹으며, 종횡무진 별별 이야기를 다 나눈다. 각자 일하는 자리에서 또래의 동성 친구를 만나기가 점점 어려운 나이가 된 데다가, 직장 밖의 친구이면서 서로의 일하는 맥락을 금세 이해하는 관계는 그야말로 귀할 수밖에 없다. 조직의 방식은 모두 조금씩 달라도 모두 사람들을 이끌어야 하는 리더의 자리에 있고, 다루어야 하는 관계의 양상은 복잡하다. 그런 상황에서 펼쳐지는 드라마, 풀어야 하는 문제에는 늘 단순한 정답이 없고, 무엇을 선택해도 뒷맛이 온전히 개운하지는 않다. 때로는 무엇이 그나마 나을 선택지일지 판단하기 위해 이 친구들에게 의견을 구하고, 때로는 선택 뒤의 쓸쓸함과 서글픔을 위로받고 싶어 친구들 앞에서 약한 마음을 열어 보인다. 조언이 필요할 때는 한없이 냉정하게, 위로가 필요할 때는 한없이 따뜻하게, 귀신같이 적절한 언어를 건네주는 사람들이다.

언젠가 이들과의 자리에서 각자를 이만큼까지 오게 한 가장 큰 무기가 무엇인지, 자신의 가장 탁월한 재능이 무엇이라고 생각하는지 이야기를 나눈 적이 있다. 자신의 장점이 무엇인지 생각하는 일은 드무니까, 더구나 커리어의 이 단계쯤 되었으면 누구도 개인으로서의 내게 칭찬을 해주지는 않으니까 (실은 칭찬이든 무엇이든, '너는 무엇을 잘하고 무엇이 부족해'라는 피드백을 받는 기회 자체가 점점 사라진다), 우리끼리의 자리에서 스스로 뿌듯할 것들을 찾아보자는 마음으로 시작한 대화였던 것으로 기억한다. 이 질문 앞에 내게 단번에 떠오른 문장은 이랬다. "무언가를 하기로 하고, 그것을 하는 것. 그게 제 가장 큰 재능이에요." 무언가 하기로 한다는 것은 목표를 세운다기보다는 투두 리스트to-do list를 만드는 일에 가깝다. 매일 몇 시에 일어나겠다거나, 매일 정해진 리스트의 뉴스레터를 읽겠다거나, 앞으로 1년 동안은 특정한 프로젝트에 집중해 보겠다거나 하는 식이다. 짧게는 하루짜리의, 길게는 1년이나 3년쯤을 겨냥하는 투두 리스트를 세우고 또 변경해 나가며, 그 목록이 내 일상의 기반이 되게끔 한다. 루틴을 차곡차곡 쌓아가고 그 루틴을 따를 때, 가장 큰 편안함을 느낀다. 아마도 이런 재능을 한 단어로 표현하는 말이 성실일 테고, 비슷한 기질을 가진 사람들끼리 모여서는 '농업적 근면성'이라며 킬킬거리며 자조하기도 한다. 자조가 섞이는 이유는 말 그대로 농업의 시대가 아니기 때문이다. 이런 근면성을 꼭 누가 알아주는 것도 아니고, 근면함과 미련함은 아차하는 순간 쉽게 같은 것이 되어버리고 만다. 그럼에도 이런 부류의 인간들은 어쩔 수 없이 오늘도, 그저 스스로 하기로 한 것을 꼬박꼬박하고서야 마음의 평화를 한 조각 누린다.

불확실성에 대처하는 자세

아이러니하게도 나는 '안정적인' 직군에서 일해본 적이 없다. 첫 직장은 경영 컨설팅 회사였고, 짧게는 두어 달, 길어봤자 6개월마다 담당하는 프로젝트가 바뀌었다. 고객사도, 산업도 바뀌었고, 같이 일하는 사람들도 달라졌다. 새로운 산업과 시장을 최대한 빠르게 파악하고, 변화한 상황에 얼른 적응하는 방법을 배운 것이 첫 직장 경험에서의 가장 큰 수확 중 하나였다. 두 번째 직장은 투자은행이었고 정도는 더 심했다. 담당하는 프로젝트가 바뀌는 것은 물론이고, 한 번에 여러 프로젝트에서 일했다. 이런 패턴은 계속해서 이어져 왔다.

지금은 벤처캐피털이라는 직종에서 일한다. 벤처캐피털은 벤처기업에 투자하기 위해 자본을 운용하는 산업을 가리키고, 벤처기업이란 새롭고 혁신적인 기술이나 비즈니스 모델을 바탕으로 모험적인 시도를 통해 고성장을 추구하는 형태의 기업을 뜻한다. 따라서, 여러 기관과 개인들의 자본을 모아서, 고성장을 거둘 것으로 예상되는 벤처기업을 찾아내어 투자하는 것이 우리의 일이다.

매달 수많은 새로운 기업들과 만나고, 그 기업 중 우리의 기준에 따라 투자할 법한 곳들을 골라내어 어떤 조건에 얼마의 금액을 투자할지 결정해야 한다. 투자한 후에는 투자한 기업들이 잘 성장할 수 있도록 최대한 도우려고 노력한다. 투자한 기업의 창업자들로부터 기업이 놓인 상황과 해결해야 할 문제, 앞으로의 계획에 대해, 끊임없이 이야기를 듣고, 그에 맞추어 우리가 해야 할 결정들을 하는 것이 매일매일 내가 하는 일이다.

나의 일상은 이 기업에서 저 기업으로, 하루에도 수차례 초점을 옮겨가며 움직인다. 이렇게 적어놓고 보니, 커리어의 첫발을 내디딘 후로 25년 가까이가 흐른 지금까지, 내 과업의 변동폭과 그 주기, 다뤄야 하는 불확실성의 범위는 점점 커지기만 했다.

나에게 주어진 과업을 성실히 잘 해낸다고 해서, 목표했던 결과가 담보되지는 않는다는 것이 그 과정 안에서 획득한 배움 중 하나였다. 너무나 간절하게 열심을 기울였지만 결과는 그와 전혀 상관 없었던 적이 무수히 많았다. 계획이나 예상 밖의 좋은 결과 역시 적지 않았다. 어떤 일들은 급작스레 바람의 방향이 바뀌면서, 평소의 반절도 안 되는 힘으로도 배가 쑥쑥 앞으로 나아가는 듯한 기세에 놓이기도 했다. 내가 오늘 전념을 다하는 시간과 미래의 원하는 성과 사이에 뚜렷하게 그을 수 있는 인과의 선이 존재하지 않는다는 현실과 처음 맞닥뜨렸을 때의 막막하던 마음을 기억한다.

이렇게 쓰다 보니, '아이러니하게도'라는 말은 적당치 않은지도 모르겠다. 끊임없이 새로운 것을 알아가야 하고, 수많은 변수에 반응해야 하는 일을 업으로 삼게 되면서, 가장 개인적이고도 주관적인 마음의 평화야말로 인과의 선을 가장 뚜렷하게 그을 수 있을, 내가 유일하게 목표로 삼을 만한 성과라고 받아들이게 되었다. 아니 실은, 그렇게 받아들이기 위해 여전히 마음을 다스린다. 그리고 내 마음의 평화는 바로, 하기로 정한 것을 그저 하는 농업적 근면성에서 온다. 이 농업적 근면성의 인과는 아주 깔끔하다. 나는 오늘치의 노력을 하고 오늘치의 뿌듯함을 얻는다. 오늘치의 노고만큼 나는 튼튼해지거나(운동) 똑똑해지거나(공부) 유능해지거나(업무) 너그러워진다(친절, 모든 것 중 가장 어렵다). 이 모든 것은 사라지지 않고 축적된다.

책《일하는 마음》을 읽은 친구 몇몇은 "제목이 틀렸어. 이게 무슨 일하는 마음이냐, 운동하는 마음(아니면, 스키타는 마음)이지."라며 웃곤 했는데, 내겐 운동이야말로, 그 뚜렷한 인과, 축적의 확실성을 대변하는 상징일 터다. 하루를 운동으로 시작하면, 시작부터 이미 오늘 거둬들여야 할 뿌듯함을 챙겨놓은 셈이다. 마음의 평화를 저축해 놓은 덕에 출발점이 0이 아니라 플러스가 된다. 하루 종일 숱한 '예상치 못함'에 부딪혀 그 평화가 좀 깎여나가도 괜찮으리라.

지난 5년여 동안, 다뤄야 하는 불확실성이 얼마나 큰지 더욱더 실감했고, 그럼에도 내가 온전히 책임져야 하는 의사결정의 폭은 점점 커지기만 했다. 무엇보다, 고용된 대표였던 것에서, 창업자이자 대표가 되었다. 이제는 피고용인이 아니라 100% 고용인의 자리이고, 사표를 쓸 대상도 없다. 만일 지금의 일을 그만두려면, 이 자리가 누구의 몫일지 결정하는 것까지가 내 책임이다. 아직은 작은 회사이지만, 작든 크든 무수히 많은 결정은 내 앞에서 끝이 난다. 내 등 뒤에서 내 결정을 승인해줄 사람은 더 이상, 아무도 없다. 쏟아지는 새로운 정보와 불확실성의 폭격으로부터 도망갈 방법은 하나도 없다.

그럼에도, 아니 그래서, 나는, 그야말로 아이러니하게도, 하루하루에 기울이는 성실함의 가치가 가장 믿을 만한 비빌 언덕이라고 생각한다. 5년 전보다 더욱더 그렇게 믿게 되었다. 《일하는 마음》에서 "훈련은 언제나 즐겁게 할 수 있다."라고 썼던 것을 보면서 너털웃음이 났다.

시간이 훌쩍 흐른 지금, 누군가 나에게 어떤 일하는 마음을 갖고 싶은지 단 한 문장으로 답해달라고 한다면 '훈련하는 마음'이라고 말할 것 같다. 훈련은 꾸준히 성실함을 쌓는 일이고, 그 안에서 즐거움을 찾는 것이 불확실성을 헤치고 계속하게 해주는 힘이다. 꾸준함이란 사실 치열하게 동적인 상태라는 것을 지금은 안다. 결국 스스로에게 달린 만큼 외로운 일이고, 동기를 거듭 갱신하는 일이다.

있는 자리에 걸맞게 꾸준히 성실할 수 있겠는가, 그럴 만하도록 동기를 스스로 갱신하며 하루하루를 보낼 수 있는가. 자기기만 없이 냉정하게 자신이 서 있는 자리를 돌아볼 수 있는가. 옳은 판단을 내릴 수 있는 몸과 마음의 상태를 유지할 수 있는가. 들인 수고를 돌이켜 보아 후회하지 않을 수 있는가. 이런 질문들에 매일 한결같이 대답이 'yes'일 수야 없겠지만 절반 이상의 날들에 망설임 없는 대답이 나오지 않는다면, 원점에서 일상의 토대를 돌아보아야 한다. 일하며 살아온 시간이 쌓일수록, 점점 더 그렇게 생각하게 된다.

남은 타석은 유한하다

하기로 한다, 그리고 그걸 한다.
이 사이클을 한 번씩
매듭지으며 사는 게 커리어이고,
인생일지도 모르겠다.

얼마 전 TV 프로그램 〈유퀴즈〉에 출연한 배우 손석구가 "다작을 하는 게 목표"라고 말하는 걸 보고 멋있구나 싶었다. "어떤 작품을 하고 싶냐"라는 질문에 대한 대답이었던 것으로 기억한다. 어찌 보면, 질문이 가리킨 방향과 다른 곳을 바라보는 답이었지만, 그래서 더 좋았다. 어떤 작품인가 골라내려 하기보다는 많은 작품을 하려는 게 자신에게 더 중요하다는 뜻이겠거니 생각했다.

그리고는 얼마 안 가, 소설 《파친코》를 쓴 작가 이민진이 인터뷰에서 "나는 다작을 하고 싶은 욕심은 없다"고 말한 걸 읽고도 참 멋있구나 싶었다. 이민진 작가는 실제로 첫 소설 《백만장자를 위한 공짜 음식》을 2007년에 출간하고 10년이 지난 2017년에 두 번째 작품 《파친코》를 세상에 내놓았다. 그리고 세 번째 작품은 아직 집필 중이라고 한다.

와, 멋있다는 마음을 품어놓고, '내가 참 줏대가 없네' 혼자 생각했다가, 곰곰 다시 짚어보니 '내가 매혹된 것은 그 확고함인가 보다' 싶었다. 쓸려가지 않는 것, 나는 이렇게 하기로 한다고 어떤 모드 혹은 페이스를 정하고 그에 따라 살아보는 것.

40대의 속도

지난해, 으슬으슬 추워지기 시작하던 즈음이었던 것 같다. 마흔 번째 생일을 막 지난 친구가 함께 저녁을 먹으며 40대를 시작할 때 어떤 마음을 먹었는지 기억하냐고 물었다. 좋은 질문을 나누는 대화를 좋아하는데, 그날의 대화가 그랬던 것 같다. 그 질문 덕에 40대를 시작하던 그 마음을 돌아보았고, 40대로 보낸 몇 년을 짚어보게 되었다. 그리고 남은 40대의 시간이 그리 길지 않다는 사실 또한 번쩍 지각하게 되었다. 나이가 숫자에 불과하다고들 하는데, 반은 맞고 반은 틀리다. 세상이 어떤 나이대에 예상하는 역할이니 처신 같은 것, 나이가 쌓여감에 따라 흔히들 예상하는 삶의 기승전결 같은 것에 갇혀서 삶을 기획할 필요야 없겠지만, 삶은 좋든 싫든 유한하고, 남은 시간은 나이가 들면서 점점 줄어드는 것이 현실이다. 야구로 치자면, 1회 첫 타석에 섰을 때, 7회쯤 세 번째나 네 번째 타석, 주자가 있을 때와 없을 때는 각각 할 수 있는 플레이도 해야 할 플레이도 다른 법이니까.

40대에 진입할 때는 전력 질주할 수 있는 일을 찾고 싶었다. 커리어의 초입에는 배운 것이 많았다. 치밀히 계획했던 것은 아니었음에도 운이 좋게도, 평생 버팀목이 되어줄 중요한 역량들을 익혔던 시기였다. 그 뒤에는 판단의 기준점들을 세울 수 있게 된 시기가 왔다. 나 자신을 잘 이해하게 된 것, 강점과 약점, 무엇이 갖춰지면 좋은 상태가 되는지, 어떤 버튼이 눌리면 좋지 않은 방향으로 급발진해버리는지, 어떤 사람들을 좋아하는지, 어떤 사람들은 절대로 피해야 하는지 같은 것들을 제법 구체적으로 설명할 수 있게 되었고, 이런 이해가 크고 작은 많은 선택을 좀 더 명료하고 쉽게 만들어주었다. 그렇게 40대에 접어들면서, 이제는 내가 가진 온 힘을 다해 달려보고 싶다고 생각했다. 항상 열심히 산 편이었지만, 어떤 방향을 향하고 있는지 잘 알지도, 실은 정말로 진지하게 고민해보지 않았던 것 같았다. 그러다 보니 달리는 길 위에서 자꾸 흔들렸고, 멈춰야만 해소가 되는 문제들에 부딪혔다. 이제는 그러지 않을 수 있을 것 같았다.

지금 와 보면 그때의 생각도 절반쯤은 맞았고 절반쯤은 틀렸지만, 적어도 좋은 동력이 되어주었다. 지금 하는 일을 만났고, 7년째 하고 있고, 오르락내리락은 있었어도 대체로 전력을 다하는 마음으로 해왔다. 꼭 그 결심 때문에 이 일을 선택하게 된 것은 아니었으니 운이 좋았다고밖엔 말할 수 없겠다. 그렇지만 결심이 깃발처럼 내내 펄럭여준 덕에 행운을 알아볼 순 있었을 것이다. 가장 틀렸던 점이라면, 전력을 다하려는 마음이 여전히 시시때때로 흔들리는 것을 피할 순 없었다는 사실이다. 전심을 기울이고 싶었던 만큼, 그에 비례해서 자기 의심이 생겼다. 새로운 일, 새로운 환경, 겪어보지 못한 역할 앞에서 40대이든 뭐든, 별반 다를 것 없이 취약해지곤 했다. 다행히도 결국은 괜찮게 된다는 위안이 마음의 바탕에 있다는 점만은 달랐다. 그리고 이 모든 것이 장기전임을 알고 있다는 것도. 빌 게이츠가 했다는 "사람들 대부분이 자신이 1년에 해낼 수 있는 것은 과대평가하고, 10년에 해낼 수 있는 것은 과소평가한다"는 말이 지표이자 위안이 되어주었다. 10년을 1년짜리 열 개, 아니 1주일짜리 520개로 인식할 수 있으면, 해낼 수 있는 것도 상상할 수 있는 것도 정말 많이 달라진다. 520개의 1주일은 결국 1주일들이라서 별것 아니고, 520개라서 대단해진다. 지금 실패처럼 보여도, 지금은 어려워 보여도, 머리를 파묻고 10년을 해보자. 40대가 되니 10년이 그렇게 길지 않은 시간처럼 느껴지는 것도 좋았다. 돌아보니 10년은 정말 획 가더라 싶었다. 10년이 넘게 꾸준히 해온 일들이 몇 가지 있었고, 그 10년이라는 시간이 만들어내는, 누구도 빼앗을 수 없는 가치를 이미 몸으로 알고 있었으니까. 덕분에 '10년은 일단 해보자'고 마음 먹는 게 이 나이의 힘이구나 생각했다.

한계를 받아들이며 달리기

그러나, 흔히 그렇듯, 스토리는 직선이 아니고, 예상내로 펼쳐지는 법은 없다. 반환점이 지났다고 생각한 어떤 시점부터 조급함이 일었다. 지난 두어 해, 여기저기 적어둔 쪽글들에서 가장 많이 등장하는 말이 "정신 바짝 차리자"였다. 세상에는 나도 모르는 새 벼락같이 큰 변화들이 찾아오고, 그 변화에 기민하게 좋은 선택을 내리지 못하면, 나도 모르게 회사를 위험에 빠뜨리거나 실기하게 될 수도 있는 생각 때문이기도 했을 터다. 대표라는 자리에 점점 익숙해지면서, 그 무거움 또한 점점 더 실감하게 되기도 했으니까. 내 판단과 선택이 그저 내 삶에 대한 것일 때에는 이제 좀 알겠다 싶던 자신감이 온데간데없어진 기분이기도 했고, 그럴 만도 했다. 그러나 무엇보다, 정신 바짝 차리자는 말을 자꾸만 되뇌었던 건, 남은 시간이 많지 않다는 감각에 휩싸이고 있었기 때문이었다는 걸 깨닫게 되었다. 그 감각 때문에 나도 모르게 계속해서 긴장하게 되었다.

10년을 해보자는 생각은 10년 안에 뭘 해내야 한다는 생각이 아니었다. 그런데 어느새 그 둘을 혼동하고 있었다. 그럴 가치가 있는 일을 찾아 전력을 다하게 된 것은 행운이었는데, 그럴 가치가 있는 일이니 반드시 잘해내야 한다는 마음이 함께 커졌다. 10년은 해보자는 생각의 반대편에 '그렇지만 언제고 그만둘 수도 있는 거지'라는 의지처가 조금쯤 균형을 맞춰주어야 한다. 전력을 다할 가치가 있는 일을 귀하고 무겁게 받아들이는 마음 반대편에 '반드시 이뤄져야 하는 일 같은 건 없지'라는 현실 인식이 숨구멍으로 남아 있어야 한다. 어느 날 배우 손석구가 "이젠 딱 좋은, 소수의 작품만 골라서 하겠어요"라고 한대도, 작가 이민진이 "이제부턴 무엇이 되었든 다작을 해보려고 생각해요"라고 한대도, 여전히 그 인터뷰를 읽으며 "멋지구나"라고 감탄할 것처럼.

요즘은 그 '10년'에 대해 더 이상 많이 생각하지 않는다. 충분히 긴 시간을 해보자는 것이 의도였다면, 더 이상 10년을 되뇔 필요도 없다. 이미 7년 차에 접어들었고, 3년은 그야말로 쏜살같이 흐를 것이다. 최소한 10년을 하고야 말 것임을 의심할 때는 훌쩍 지나고 말았다. 10년이라는 상징은 역할을 잃었고, 그저 하다보면 '충분히 오래' 했다는 때가 올 테고, 그때 내가 해야 할 선택들과 자연스럽게 만나게 될 것이다. 어떤 사람은 야심 찬 계획을 세웠기 때문에 그 일을 계속하고 그래서 결국 어떤 곳에 이른다. 다른 종류의 사람도 있는데, 이들은 오늘어치 이상의 대단한 마음은 품지 않았기 때문에 그 일을 계속하고 그래서 결국 어떤 곳에 도착한다. 나는 두 번째 유형에 속하는 사람이고 싶은 것 같다.

그럼에도, 여전히 정신을 바짝 차려야 할 이유는 있다.《일하는 마음》을 처음 썼던 때, 그러니까 40대의 초입에 있던 나는 여전히 새로운 감행을 준비하는 나 자신에 대해 많이 생각했다. 요즘의 나는, 주체로서의 나에 대해서보다는 도구로서의 나에 대해, 나를 둘러싼 상황에 대해, 내가 해야 할 역할에 대해, 내가 이 일을 떠난 이후의 단계들에 대해 훨씬 많이 생각한다. 지금 하는 일에서 건, 아니면 그 이후를 포함해서건, 이제 내게 남은 타석이 유한하다는 것, 이미 섰던 타석보다 남은 타석 수가 훨씬 적다는 것을 안다. 정신을 똑바로 차리자는 생각은 상황에 휩쓸려 시간이 지나 버리게 하지 말자는 다짐으로서 여전히 유효하다. 점점 더 한 타석, 한 타석이 중요하다. 더구나, 많은 경우, 내가 게임의 끝을 책임져야 한다. 어쩔 수 없이 나이와 역할이 그렇게 이끈다. 그러니 긴장해서 좋을 것은 없어도, 정신은 바짝 차려야 한다. 다작하기로 했기 때문에 많은 작품을 하거나, 다작하지 않기로 했기 때문에 적은 수의 작품을 해야 한다. 설명할 수 있는 선택을 하고, 선택한 대로 충실해야 한다. 필요한 건 인내와 일관된 추구이고, 자원과 에너지는 점점 더 귀해진다.

참 오랫동안, 무엇을 원하는가가 핵심 질문이라고 생각해 왔는데, 실은 무엇을 원하기로 할 것인가가 진짜 답해야 할 질문이라고, 요즘은 생각한다. 하기로 한다, 그리고 그걸 한다. 이 사이클을 한 번씩 매듭지으며 사는 게 커리어이고, 인생일지도 모르겠다. 세상에는 풀어야 할 문제도 많고 가치 있는 일도, 해볼 법한 일도, 해보고 싶은 일도 많지 않나. 그 많은 일들 사이에 절대적이고 객관적인 우선순위를 세우는 것은 불가능하다. 그저 선택했다면, 정신을 똑바로 차리고 그 전장에 집중해야지. 보통의 깜냥을 가진 사람으로서 감당할 수 있는 전장의 수는 한 번에 하나일 뿐이고, 그 한계를 상기하는 것은 늘 도움이 된다.

여전히, 아무튼, 스키

스키를 타면서 짜릿했던 이 모든 장면은 역시,
날씨가 좋은 날도 눈이 좋은 날도 아니고,
못하던 것을 할 수 있게 되는 순간들이다.

요즘 인기라는 좋은 식당에 부모님을 모시고 가면 엄마는 "오늘
이 네 아빠 생일이네"라고 얘기하곤 한다. 아빠는 식성이 좋고, 젊
은이들이 좋아라 하는 음식도 즐기시니까 하시는 말씀 같지만,
실은 자기에게 좋은 것을 그냥 좋다 이야기하는 것에 익숙지 않
은 엄마가 좋음을 표현하는 화법이란 것을 이제는 안다. 완전한
호사가 자신을 위해 준비되었다고 생각하는 게 불편한 그 마음.
그래서 언젠가부터 엄마의 저 말을 "오늘이 내 생일 같구나, 좋
다."라는 말로 바꾸어 들으려고 노력한다. 그래야 내 맘에 주름이
들지 않는다.

코로나19의 여파가 서서히 가라앉고 드디어 하늘길이 열렸던
지난겨울, 난생처음, 최고의 눈으로 유명한 미국 유타의 파크시

티 스키장에 갔다. 역대 최대로 눈이 많이 온 시즌이라고 했다. 첫 날 스킹부터 아무리 파내어도 바닥이 보이지 않을 만큼 쌓인, 바삭바삭하게 드라이한 눈 잔치였다. 유타의 눈은 샴페인 파우더라고 불린다는데, 달콤하게 혀끝을 간지럽히다 흩어지는 샴페인 거품 같은 눈이라는 의미라는 것을 단박에 실감할 수 있었다. 정설된 슬로프든, 다지지 않은 오프 피스트든, 모든 사면이 완벽했다.

오늘이야말로 내 생일이네. 보이는 곳은 사방 눈 천지인 설산의 사진을 부모님에게 보내드렸다. 식당엔 모시고 갈 수 있지만, 겨울 산에서만 볼 수 있는 이런 풍경을 직접 보여드릴 방법은 없다.

잊을 수 없는 순간

2001년에 신혼여행으로 처음 휘슬러에 갔을 때, 한국에선 볼 수 없는 절벽 같은 슬로프, 모글과 파우더가 한가득한 부정지 사면에 경탄하며, 그 슬로프들을 모두 누릴 수 없는 게 한탄스러웠다. 언젠가는 저 모든 사면을 자유롭게 내려갈 수 있을까. 이 광활한 스키장의 모든 걸 누릴 수 있을까. 내 지난 20여 년의 스킹에 딱히 목표랄 건 없었지만, 그래도 한 가지를 굳이 꼽자면 이거였다. 슬로프의 경사와 상태와 상관없이 어디든 자유롭게 내려갈 수 있기를. 작년은 그걸 이룬 첫 번째 해였다. 더블 블랙 다이아몬드 슬로프 꼭대기에 서서, 사면이 어떤 상태이든 마음에 저어함 없이 스키 팁을 떨어뜨릴 수 있게 된 것.

파크시티에서의 마지막 날, 주피터 피크 — 절벽 같은 슬로프에서 내가 만드는 한 턴마다 눈이 우수수 절벽 아래로 떨어지던 그 순간, 눈 떨어지는 소리만 또렷하던 적막의 해발 3000미터는 인생의 잊을 수 없을 시간이자 장소였다. 죽기 전에 떠올릴 장면들이 있다면, 이 순간이 바로 그 장면 중 하나일 게 분명하다.

40대 중반을 지나면서 점점 더 자주 같은 세대 사람들의 본인상 소식을 듣는다. 때로 직접 아는 사람이기도, 한 다리 건너 아는 지인들의 지인이기도 하다. 언제 삶이 무심히 끝나도 이상한 게 아니라는 건, 20대부터 알았다. 가까운 친구와 친척 여럿이 때 이른 나이에 덧없이 떠났다. 너무 이른 부고를 듣게 되면, 일찍 곁을 떠난 그이들 모두가 우르르 다 함께 떠오르고, 나 자신의 죽음 역시 상상하게 된다. 그래, 죽음은 언제고 벼락같이 찾아올 수 있다는 걸 안다. 다행히 돌이켜 크게 후회되는 시간은 없다. 해야 할 법한 것들을 해왔고 하고 있다, 큰일에서나 작은 일에서나 모두. 잘못한 것이 있긴 해도, 다시 그 시간을 살아본댔자 크게 다르지 않을 것을 안다. 그리고 위안을 찾아, 감각의 세계에 대해서 생각한다. 삶을 회고하는 마지막의 시기에 남는 것은 어떤 장면들일 테지. 삶은 반드시 가닿아야 할 목적지에 이름으로써가 아니라 매 순간의 충만한 경험과 견고한 일상의 총합으로써 수행되는 게 아닐까. 목적은 실은 목적이 아니라, 오히려 충만한 장면들을 쌓아가기 위한 수단일지도 모르겠다. 어디든 자유롭게 내려갈 수 있길 목표했던 덕에 파크시티 주피터 피크, 용평리조트 레인보 1번 슬로프, 휘슬러 블랙콤 세븐스 헤븐의 장면들이 빼곡하게 쌓였다.

아무튼, 스키

스키를 타면서 짜릿했던 이 모든 장면은 역시, 날씨가 좋은 날도 눈이 좋은 날도 아니고, 못하던 것을 할 수 있게 되는 순간들이다. 주피터 피크에서 내 감각으로 쏟아져 들어오는 그 자극에 그렇게 강렬했던 것은 그런 깊은 눈, 그런 가파른 사면에서의 활강이 첫 번째 경험이었기 때문이다. '지금이 평생 이걸 처음 할 수 있게 된 순간이야'라고 아는 그 지점. 그때 난 혼자 오빠의 두발자전거를 혼자 끌고 나가 해 저물녘이 되어 드디어 자전거 타기를 깨우쳤던 그 어린아이의 마음으로 돌아간다. 아마 그게 내 행복의 원체험인지도 모르겠다. 더 이상 쓰러지지 않고 끊임없이 바퀴를 돌릴 수 있게 되었던 그 순간, '나는 자전거를 탈 줄 알게 되었구나' 스스로 깨달았던 그 장면.

내 인생에 스키가 없었다면 나는 정말 다른 사람이 되었을 것이다. 스키를 만나게 된 건 내 인생에서 벌어진 좋은 일 중 세 손가락에 꼽힐 만하다. 완벽한 눈과 날씨와 풍경, 그 안에서 점점 앞으로 나아가는 성장의 감각, 이 모든 게 하나로 뒤섞여, 오늘의 환희를, 순전한 기쁨을, 단 한 톨의 아쉬움도 없는 순간을 선물해 준다. 이런 순간들이 나를 어떤 종류의 사람으로 만든다.

그러니 아무튼, 스키다. 이제 60권이 넘게 출간된 '아무튼' 에세이 시리즈는 각각의 작가들이 자신이 가장 애호하는 것에 대해 쓴다. 나는 술을 좋아하지 않지만 김혼비 작가의 《아무튼, 술》을 웃다가 울면서 읽었고, 택시 타는 것은 심지어 싫어하지만 금정연 작가의 《아무튼, 택시》를 키득거리며 읽었다. 선수를 빼앗긴 느낌으로 《아무튼, 양말》을 읽기 시작했는데, 절반쯤 읽다가 '인정! 당신이 이겼습니다'라고 생각했다. '아무튼, 스키'는 다행히 비어 있는데, 언젠가 출판사에서 실제로 《아무튼, 스키》를 쓰자고 제안을 보내왔다. 이미 스키에 대해 《일하는 마음》에 너무 많이 떠들어댄 데다가, 이 원고야말로 겨울에 써야 제맛일 텐데, 겨울에는 스키를 타느라 글을 쓸 수가 없다는 것을 이유로 결국 포기했다. 그렇지만 만일 누군가 《아무튼, 스키》를 쓴다면 좀 억울할 것 같긴 하다. 《아무튼, 스키》를 결국 영영 쓰지 않더라도, '아무튼'이라는 단어는 참 좋다. '아무튼'은 치트키 같은 단어라, 그 앞에 무슨 복잡하고 힘겹고 괴로운 이야기가 있었대도, 싹 리셋해주는 느낌이랄까. 아무튼, 이건 좋잖아. 아무튼, 해결됐어. 아무튼, 잘해 보자. 아무튼, 난 괜찮아.

다음 단계로 마음을 이행하게 해주는 주문 같은 말이다. 아무튼, 겨울은 오고, 나는 스키를 탄다. 아무튼, 나는 여전히, 스키를 사랑해서 다행이다.

에 필 로 그

이미 거쳐갔다고 생각했던 지점에 다시 도착해버렸다는 느낌이 들 때가, 여러분도 있으신가요? 겨우 돌파했다고 생각했던 어떤 단계에 꼼짝없이 다시 붙들렸다는 그런 생각, 그래서 영영 여기서 벗어날 수 없고, 내 안간힘은 우상향의 차곡차곡 밟아올라가는 계단이 아니라, 거듭거듭 같은 자리로 돌아오는 뫼비우스의 띠인 것이 아닐까.

그러다가 이런 그림을 우연히 보게 되었습니다. 조금씩 커지는 동심원의 이미지를 보면서 이런 생각을 했습니다.

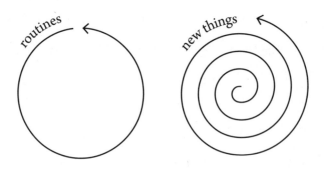

나는 같은 자리로 돌아오는 것 같지만 그래도 조금 커진 원의 경로를 통해서라고, 정면충돌을 피할 수 없었던 그 지점을 이번에는 조금쯤 빗겨나며 거쳐가고 그래서 충격이 조금은 덜한 것이라고, 언젠가 또 이 지점 근처로 돌아오겠지만 그때는 충격을 이번보다도 더 줄일 수 있을 것이라고요. 그리고 새로운 것에는 오직 이런 식으로만 가닿게 되는 것이라고도 생각했습니다. 이런 생각은 전부, 사실 여부 같은 건 확인할 수 없는 이미지 트레이닝에 지나지 않을지 모르겠어요. 하지만 이런 그림을 머릿속으로 뱅글뱅글 그려보니, 어쨌든 저의 원은 조금씩 커지고 있긴 한 것 같습니다. 아니, 분명히 그렇습니다.

얼마 전에 창업을 고민하고 있는 30대 친구 하나가 제 의견을 듣고 싶다고 찾아왔습니다. 그 친구가 생각하고 있는 사업 아이템에 대한 이야기를 좀 나누고, 그런 아이템을 생각하게 된 개인사를 듣고, 그러다가 그 친구가 문득 묻더라고요. 자신이 창업을 할 준비가, 사람들을 책임지고 끌고 갈 준비가 되어 있는지 모르겠다고, 그래서 서로 느슨하게 협업을 하고 수익이 생기면 나누는 정도로 조직을 이루는 게 맞을까 하는 생각도 한다고요. 저는 이렇게 답을 건넸습니다.

"창업자가 되고 사업체의 대표가 되는 데 충분한 준비 같은 건 없어요. 아무리 준비를 해도 예상치 못한 일이 닥치고, 어려운 일 투성이일 텐데요. 결국 그 모든 걸 무릅쓸 만큼 충분히 큰 '하고 싶은 마음'이 있느냐가 문제인 것 같아요. 그러니까 넘어서야 할 어려움의 크기보다 '하고 싶은 마음'의 크기가 더 커야만, 그 괴로움을 뚫고 나갈 동력이 생기는 거니까요. 책임을 줄이고 느슨한 형태로 조직을 꾸리는 것도 나쁘지 않지만, 그 속도와 밀도가 떨어지는 건 당연해요. 가닿을 수 있는 크기도 당연히 다르겠죠. 적당히 손익분기를 맞추면서 작지만 꾸준히 꾸리는 수준도 괜찮다면, 그렇게 파트너십의 형태로 가는 것도 좋은 선택이죠. 그렇지만 최대한 멀리, 최대한 빨리, 최대한 크게 가고 싶다면, 책임과 리스크를 피하고도 그럴 방법은 없어요. 둘 다 가질 순 없어요. 그걸 외면하면 안 돼요."

이 대화를 되새기던 그날 밤, "결국 유일한 준비는 '하고 싶은 마음'이에요"라는 말이 아마 스스로 새기고 싶은 말이자, 새로운 일을 하려는 주변의 모든 동료들에게 하고 싶은 말이었구나 싶었습니다.

굳은 결심, 목적지를 향한 열망, 주변의 얼굴들에 대한 책임감이 얼마만큼 오래가는 힘을 발휘할 수 있을까. 나는 정말 그런 마음을 품을 수 있는 사람일까, 아니 그런 사람이길 스스로 원할까. 주기적으로 돌아오는 이 질문에 시원하게 답을 내리고, 흔들림 없이 갈 수 있는 사람이 얼마나 될까요. 그렇지만 이 질문으로 돌아올 때마다 뱅글뱅글 동심원을 그리며 커지고 있는 것이라고 생각해 봅니다. 그러면서 새로운 것들을 만들고 있는 것이라고요.

*　　*　　*

　여기까지의 글은 제가 마지막으로 쓴 디엣지레터였습니다. 네 명의 멤버들 얼굴을 떠올리면서 썼고 그들의 메일 주소를 집어넣고 전송 버튼을 눌렀었죠. 그 얼굴들을 향했던 이 레터가 맞춤하게 이 책의 마지막 글로 어울린다는 생각이 들었습니다. 다 알지만 고된 길이든, 낯설어 두려운 길이든, 아무튼 앞을 향해 걸어가고 있는 독자들을 향해서 다시 전송버튼을 누릅니다. 행운을 빕니다. 고맙습니다.

일하는 마음

초판 1쇄 발행 2018년 11월 18일
초판 7쇄 발행 2022년 3월 15일
개정판 1쇄 발행 2024년 4월 15일
개정판 2쇄 발행 2024년 7월 15일

지은이 제현주
발행인 김형보
편집 최윤경, 강태영, 임재희, 홍민기, 강민영, 송현주
마케팅 이연실, 이다영, 송신아　**디자인** 송은비　**경영지원** 최윤영

발행처 어크로스출판그룹(주)
출판신고 2018년 12월 20일 제 2018-000339호
주소 서울시 마포구 동교로 109-6
전화 070-5080-4038(편집) 070-8724-5877(영업)　**팩스** 02-6085-7676
이메일 across@acrossbook.com　**홈페이지** www.acrossbook.com

ⓒ 제현주 2018, 2024

ISBN 979-11-6774-146-2 03300

만든 사람들
편집 최윤경, 강민영　**표지디자인** [★]규　**본문디자인** 송은비　**조판** 박은진